Peter Hertel

Das Geheimnis der alten Seefahrer

Aus der Geschichte der Navigation

Geographische Bausteine

Begründet von Nationalpreisträger Prof. Dr. H. Haack

Neue Reihe, Heft 38

Peter Hertel

Das Geheimnis der alten Seefahrer

Aus der Geschichte der Navigation

Hermann Haack
Verlagsgesellschaft mbH Gotha
1990

Zeichnung der Abbildungen 1–3, 5–7, 10–13, 17–19, 22, 23, 25, 27, 29–32 und 34 von M. Militzer, Tharandt
Zeichnung der Abbildungen 8, 9 und 28 von H. Waldenburger, Gotha

Titelbild: Schiff der Etrusker um 520 v. u. Z.
Ausschnitt aus einem Fresco in der
„Tomba della Caccia e della Pesca“ zu Tarquina
(Archiv M. Flury, Höchberg/BRD)

ISBN 3-7301-0650-3

1. Auflage
HERMANN HAACK Verlagsgesellschaft mbH
Geographisch-Kartographische Anstalt Gotha, 1990
VLN 1001 (7887)
Printed in Germany
Druck und buchbinderische Weiterverarbeitung: Mühlhäuser Druckhaus
Lektor: Dipl.-Geogr. Rolf Schadeberg
Redaktionsschluß: Januar 1989
LSV 5009

Best.-Nr. 966 978 4 / Hertel, Seefahrer/Geobau 38

Inhaltsverzeichnis

„Seit undenklichen Zeiten hat die Seele des Menschen im Widerstreit zwischen Liebe und Haß mit der See gelegen. Die grausame, verräterische See – der Schiffer umwirbt sie wie ein zärtlich Liebender, häuft seine hoffnungslosen Flüche auf sie und kehrt doch immer wieder zu ihr zurück. Denn wer einmal das Leben zur See gekostet hat, kann das Leben an Land nicht mehr ertragen.

Der wahre Seemann ist ein Abenteurer. Sein Gerippe, wie die Gerippe seiner Schiffe und die Überreste jener Frachten, für die er alles wagte und alles verlor, ruhen auf dem Grund der Ozeane dieser Welt – in Erwartung eines modernen Archäologen. In ihrem Tatendrang, in ihrer Verwegenheit sind die Seeleute die Hefe der Welt, sind sie die Forscher in fernsten Winkeln der Erde.

Mit ihren Schiffen haben sie Geschichte geschrieben, seit der erste unternehmungslustige Schiffer sich auf einen Baumstamm wagte und über den Fluß trieb. Denn von der Dämmerung der Frühgeschichte bis zur Verwirklichung der alles überbrückenden Flugzeuge waren es Schiffe und Schiffe allein, die Erdteile, Länder und Ufer verbanden.

Von Volk zu Volk trugen sie Güter und Gedanken, Gebräuche und Gold, Werkzeuge und Worte; sie trugen Entdecker wie Eroberer zu alten und neuen Ländern; sie waren Verkünder der Kultur über die ganze Erde und sind auf immer unlöslich verknüpft mit der Geschichte der Menschheit“

(CANBY 1962, S. 6).

Vorwort

In vielen hundert Büchern und noch zahlreicheren Artikeln der Fachpresse kann sich der Leser über die Geschichte der Orientierung und Navigation auf See informieren. Bedeutende Werke entstanden zur 400. Wiederkehr der Entdeckung Amerikas im Jahre 1892 und am Anfang unseres Jahrhunderts. Mit der weiteren Erforschung der Kulturgeschichte verschiedener Völker in den letzten Jahrzehnten kamen mit dem Wissen auch immer mehr Zweifel auf. Man hielt es nicht für möglich, daß diese Menschen mit oft so „primitiven" Hilfsmitteln überhaupt derartige Leistungen vollbringen konnten, und es waren vor allem die Polynesier, die uns durch die Bewältigung des großen Pazifiks Rätsel aufgaben. Die Zweifel gipfelten schließlich in der Vermutung, daß all dieses geheimnisvolle Wissen und Schaffen ein Werk außerirdischer Lebewesen sei.

Schuld an diesem Dilemma hatten und haben oft die Gelehrten selbst. Sie vergessen allzuoft, daß zu jeder Zeit zahlreiche Erfolge vom Vorhandensein fähiger Köpfe abhängen können. So schrieb BREUSING (1886, S. 22): „Wenn wir uns aber gestehen müssen, daß noch jetzt die Meteorologie auf den Namen einer Wissenschaft im strengen Sinne keinen Anspruch machen kann, so wollen wir den Alten keinen Vorwurf daraus machen, daß Alles, was sie z. B. von den Luft- und Meeresströmungen wußten, sich auf solche Thatsachen beschränkte, wie sie sich auch dem blödesten Auge aufdrängen." Zu schade, daß die „Alten" sich nicht mehr verteidigen können! Sie würden uns in Erstaunen versetzen, insbesondere durch den Wirkungsgrad ihrer „primitiven" Hilfsmittel.

CANBY, der sich in jüngerer Zeit mit der Geschichte der Seefahrt beschäftigt hat, kann sich noch immer vom eurozentrischen Denken nicht befreien und hat wohl von der Besiedlung polynesischer Inseln lange vor Beginn unserer Zeitrechnung nichts gehört: „Während Jahrtausenden spielte sich die Geschichte der Seefahrt im Mittelmeer ab. Erst mit dem Aufstieg der nordischen Völker und der Entdeckung der Neuen Welt und des Orients umfaßte sie die ganze Erde" (CANBY 1962, S. 20). CARY und WARMINGTON (1966, S. 14 f.) beurteilen sehr pauschal den Stand der Navigation in der Antike und kommen zu dem Schluß: „Viel schwerer wog der Umstand, daß man in der Antike keine ausreichenden [ein sehr diffiziler Begriff – was heute für uns unzureichend ist, kann durchaus vor 2000 Jahren ausreichend gewesen sein! d. Verf.] Instrumente zur Messung von Zeit und Entfernung sowie zur Ortspeilung besaß ...

... die antiken Seeleute, die den Gebrauch des Logs noch nicht entdeckt hatten, konnten die Fortbewegung nur auf gut Glück aus der vermutlichen täglichen Durchschnittsgeschwindigkeit ihres Fahrzeuges unter Berücksichtigung der wechselnden Wind- und Strömungsverhältnisse errechnen ... Noch Kolumbus schätzte oder verschätzte seine Fahrleistung einzig nach dem Augenmaß." Immerhin betrug der Distanzfehler bei seiner ersten Reise nur 9,8%.

Doch lesen wir bei CARY und WARMINGTON (ebenda) weiter: „Was die Zeitmessung betrifft, so hatten die Solarien [Sonnenuhren, d. Verf.] des Altertums ungefähr den Wert von Uhren, die bei Einbruch der Dunkelheit oder fehlendem Sonnenschein stehenbleiben."

Natürlich, nur mit dem Unterschied, daß eine stehengebliebene Uhr kaum am nächsten Tag wieder richtig weitergeht und bekanntermaßen auch die Sterne Auskunft über die Nachtstunde geben können.

Es soll keinesfalls verschwiegen werden, daß mancher Historiker in der Beurteilung der Leistungen unserer Vorfahren seiner Zeit weit voraus war. So liest man bei KÖSTER (1924, S. 9): „Selbst in Zeiten, die vor aller Geschichte liegen, besaßen manche Völker erstaunliche geographische Kenntnisse und waren über die Natur sowie über die Produkte ihrer Nachbarländer, wie selbst entfernterer Gegenden, oft besser unterrichtet, als man im allgemeinen annimmt. Bei primitiven Stämmen unserer Zeit hat man nicht selten dieselbe Beobachtung gemacht."

Die alten Seefahrer vollbrachten navigatorische Spitzenleistungen, doch was versetzte sie in die Lage dazu? Mit dem Beginn des Zeitalters der Entdeckungen (aus europäischer Sicht) mußten die Piloten mühsam geschult werden. Von den Schwierigkeiten berichtet PERO NUNES, genannt NONIUS, in der Mitte des 16. Jahrhunderts (zitiert nach MORISON 1948, S. 184): „Warum geben wir uns mit diesen Piloten ab, mit ihrer gemeinen Redeweise und ihren rohen Sitten? Sie kennen weder Sonne, Mond und Sterne noch ihre Bahnen, Bewegungen, Deklinationen. Sie wissen nicht, wann sie auf- und untergehen und in welchem Neigungswinkel sie zum Horizont stehen, unbekannt sind ihnen Breiten und Längen der Orte auf der Erdkugel, sowie die Astrolabien, Quadranten, Kreuzstäbe und Meßuhren, endlich auch die verschiedenen Jahresbegriffe, das gewöhnliche Jahr, das Schaltjahr, das Äquinoktialjahr und das Sonnenjahr."

In der vorliegenden Arbeit sind für die Steuerleute verschiedene Bezeichnungen zu finden. Pilot nennt der Verfasser die Seeleute der alten Zeit, welche noch mehr intuitiv als wissenschaftlich Kurs und Distanz bestimmen konnten. Die Navigatoren dagegen besitzen im heutigen Sinne des Wortes ein umfangreiches Grundwissen, welches die Basis für ihre Tätigkeit darstellt. Heute bezeichnet man hier und da den Lotsen als Pilot. Die Begriffe wurden jedoch nicht von allen Autoren gleichermaßen verwendet. Deshalb kann es in den Zitaten zu Abweichungen kommen.

Durch die professionelle Ausübung der Seefahrerei im zivilisierten Europa ging das verloren, was die alten Seefahrer sicher über das Meer geleitet hatte: *die enge Verbindung zur Natur*. Der Autor vertritt die Auffasssung, daß darin die Geheimnisse der alten Seefahrer begründet sind. Die Piloten waren, beispielsweise auf den Inseln Polynesiens, Kinder des Meeres. Vater, Großvater und Urgroßvater waren schon zur See gefahren und hatten ihnen all das beigebracht, was sie für ihre Fahrten unbedingt wissen mußten. Mit äußerster Aufmerksamkeit orientierten sie sich auf ihren oft tausende Kilometer langen Fahrten an der Natur und brauchten in diesem Stadium noch keine komplizierten Meßgeräte. Der Autor möchte aber keinesfalls so verstanden werden, daß er den heutigen Navigatoren jede Naturkenntnis abspricht. Im Gegenteil! Doch kannten die alten Seefahrer die Erscheinungen der Natur viel besser, da sie unmittelbar von ihr abhängig waren, während heute diese Abhängigkeit viel geringer ist. Wissenschaftliche Erkenntnisse und Hilfsmittel sind an die Stelle ausschließlicher Naturbeobachtung gerückt. Die Geschwindigkeiten und Distanzen sind erheblich größer geworden, und der Wert dessen, was ein Kapitän mit seinem Schiff in den Hafen oder auf Grund bringen kann, läßt es undenkbar erscheinen, heute einen alten Piloten an dem Ruder zu postieren, der nach dem Geruch der Luft oder dem Aussehen der Meereswellen navigiert. All dies schließt jedoch die Vermutung, die bei der Erforschung der menschlichen Geschichte schon mehrfach zur Gewißheit wurde, nicht aus, daß unsere Vorfahren ihre Probleme hier und da eleganter, billiger und wirkungsvoller lösen konnten, als dies uns heute möglich ist. Lohnt es sich nicht schon deshalb, ab und an mal zurück, in das Erfahrungsfeld unserer Vorfahren zu schauen?

Schon im Tierreich spielt die Orientierung eine wichtige Rolle. Dort liegen die Anfänge der Navigation, und von da aus wollen wir unsere Betrachtung beginnen.

Der Autor möchte vor allem der Ingenieurhochschule für Seefahrt, Bereich Navigation, mit dem Gutachter Herrn Dr.-Ing. Böhme sowie Herrn Dr. sc. Birr, Sektion Geographie der Ernst-Moritz-Arndt-Universität Greifswald, für viele interessante Hinweise und wichtige Korrekturen danken. Besondere Unterstützung hat diese Arbeit wiederum durch die Sächsische Landesbibliothek Dresden, hier vor allem die Abteilung Fernleihe, erfahren.

Dem Verlag, insbesondere dem Lektor, Herrn Schadeberg, gebührt Dank für die verständnisvolle Beratung bei der Herausgabe dieses „Geographischen Bausteins".

Tharandt, im Dezember 1989 Peter Hertel

Die Orientierung der Tiere – Vorbild der frühen Seefahrer

Wundersame Berichte über die zielgerichtete, instinktiv bedingte Überbrückung großer Entfernungen erreichen uns schon aus der Tierwelt. Dem Orientierungsvermögen der Tiere liegen Gesetzmäßigkeiten zugrunde, die bis heute nur teilweise erforscht sind.

Die vielleicht wichtigste Voraussetzung für die erfolgreiche Orientierung ist die „innere Uhr" der Tiere. So starten Zugvögel fast auf den Tag genau nach Süden und verschieben diesen Termin nur bei ungünstigem Wetter. Zahlreiche Pflanzen öffnen bereits eine Stunde vor Beginn der Morgendämmerung ihre Blütenblätter. Wer „sagt" ihnen, daß dieser Vorgang gerade zu diesem Zeitpunkt ausgelöst werden muß? Auch für die Brutpflege der Vögel wird die „innere Uhr" benötigt. Eine so wichtige Angelegenheit kann keinesfalls dem Zufall überlassen werden. So brütet das Taubenweibchen immer in der Nacht und wird nur in der Zeit zwischen 11 Uhr bis 16.30 Uhr vom Männchen abgelöst. Über den Mechanismus der „inneren Uhr" ist bekannt, daß sie täglich, vermutlich nach dem Stand der Sonne, „geeicht" wird und ihr Vorhandensein bis hin zu den Zellen verfolgbar ist. Neben dieser „inneren Uhr" besitzen die Lebewesen auch noch eine Art „Jahreskalender". Er sagt den Zugvögeln, wann sie zu ihrer Reise aufbrechen müssen und wann es Zeit für den Winterschlaf wird. Es besteht kein Zweifel, daß es neben dominierenden Faktoren für die erfolgreiche Orientierung auch eine Reihe untergeordnete gibt und das alles nur in komplexer Wirkung funktioniert.

Die bekanntesten Weltreisenden unter den Tieren sind sicher die Vögel; das Geheimnis ihrer Orientierung erkannten die Menschen zuerst bei den Grasmücken (siehe Foto 1). Diese kleinen Vögel fliegen nur in den Nachtstunden und einzeln nach Süden, wobei sich jedes Jahr zahlreiche Jungvögel mit auf den Weg machen. Dieser führt sie über den Balkan, die Türkei, Zypern, Ägypten und nilaufwärts bis zur großen Nilschleife südwestlich der Nubischen Wüste. Da diese Vögel bereits beim Auffliegen den richtigen Kurs besitzen und nicht wie die Brieftauben erst einige Runden kreisen müssen, wurden die inzwischen weltberühmten Planetariumexperimente von Franz und Eleanore Sauer möglich. Die beiden stellten einen Spezialkäfig mit einer Ringstange im Planetarium auf und beobachteten bei wechselndem Sternenhimmel die von den Grasmücken (Gattung *Sylvia*) eingeschlagene Richtung. Das Ergebnis der jahrelangen Forschungen zeigte nicht nur, daß sich die Grasmücken und andere Singvögel nach den Sternen orientieren, sondern bewies gleichzeitig, daß diese Orientierung ohne mathematische Formeln, technisches Gerät und eine Ausbildung, also rein instinktmäßig, realisierbar ist. Sie erfolgt nach dem Bild der Sterne am Himmel zu einer definierten Zeit, wobei insbesondere das zirkumpolare Gebiet, 35° um den Polarstern, Bedeutung besitzt. Die geographische Orientierung spielt dagegen eine untergeordnete Rolle.

Die Versuche wurden, beginnend im Jahre 1956, im Olbers-Planetarium in Bremen durchgeführt. Sahen die Grasmücken den Herbststernenhimmel über Bremen, flogen sie in Richtung Südosten auf. Wurde der Sternenhimmel im Planetarium verdreht, schlugen die Vögel die neue, nach den Sternenbildern Südosten weisende Richtung ein. Damit war die Orientierung nach den Sternen bewiesen. Bei Fortführung der Sternenbewegung änderten die Vögel ihre Richtung und zeigten damit, daß ihnen auch die Bewegung der Sterne in einer Nacht instinktiv vertraut ist. Ihr Kurs wird ständig ändernd in einem solchen Winkel zu den Bezugssternen gehalten, daß ein gerader Flugweg nach Südost gesteuert werden kann. Liegt die Erkennbarkeit des Nachthimmels unter einem gewissen Schwellenwert, setzen sich die Vögel zur Ruhe und warten „auf bessere Sicht“.

Bliebe noch die Frage zu klären, ob diese Kenntnisse angelernt oder angeboren sind. In absoluter Isolation aufgezogene Vögel schwenkten wie ihre Artgenosssen beim „richtigen“ Sternenhimmel nach Südost ein! Bislang konnte nicht geklärt werden, wie dieses Wissen in der Erbsubstanz verankert ist. Die Tatsache aber bleibt unbestreitbar. Nun führt der Kurs Südost die Grasmücken aber nicht nach Afrika, sondern in die Wüstengebiete von Arabien. Wieder gaben Versuche im Planetarium die Antwort. F. und E. Sauer ließen über den Käfigen den Himmel nordwärts wandern. Es tauchten die Sternenbilder auf, welche über Prag, Budapest, Sofia und der Türkei zu sehen sind; die Grasmücken hielten Kurs Südost, doch dann, dem Sternenbild nach in der Nähe von Zypern, schwenkten die Vögel auf Kurs Süd um, und so kamen sie sicher in ihr Winterquartier. Dies Umschwenken konnte, unabhängig von der inzwischen verstrichenen Zeit, beobachtet werden. Die Vögel verließen sich also ganz und gar auf die Stellung der Sterne.

Zeigt man den Vögeln im Planetarium den Sternenhimmel des Zielortes, bei der Klappergrasmücke zum Beispiel die Gegend südlich der großen Nilschleife, so verlieren sie ihre nächtliche Zugunruhe und schlafen ein.

Die Vögel ändern ihr Verhalten auch dann nicht, wenn sich bestimmte äußere Umstände verändert haben, der genetische Code aber noch der alte ist. Dazu schreibt Dröscher (1964, S. 134): „Die westeuropäischen Dorn- und Grasmückenarten, die über Gibraltar und Westafrika weit über den Äquator nach Südafrika ziehen, hätten z. B. in Angola am Okavangofluß einen idealen Lebensraum. Aber schon nach kurzer Rast verlassen sie diese fruchtbare Gegend wieder, um 250 Kilometer weit über die Kalaharisteppe zur Etoschapfanne und in die unwirtlichen Randgebiete der Namibwüste zu fliegen, wo sie sich mit knapper Mühe am Leben erhalten können. Fragt man nach dem Warum, so bleibt nur die Antwort: Weil die vom Stand der Sterne abhängigen Triebe mächtiger sind als die ‚privaten' Wünsche der Vögel. In ihrer genetischen Substanz haben sie gleichsam eine Fahrkarte auf den Lebensweg mitbekommen. Ihren Richtungs- und Zielangaben können sie nicht entrinnen."

Die instinktive Orientierung der Grasmücke kam z. B. in folgendem Experiment zum Ausdruck. Zur Herbstflugzeit wurde im Planetarium in Bremen um 21 Uhr ein Sternenhimmel gezeigt, wie er eigentlich erst nachts um 2 Uhr zu sehen ist. Was geschah, klingt unfaßbar. Der Vogel, überzeugt, daß seine innere Uhr richtig geht, kommt nach einigen Sekunden Verwirrung zum Schluß, daß er sich nicht in Bremen, sondern in Ost-Turkestan befindet und fliegt schnurstracks Richtung West, dorthin, wo er zu Hause ist. Ein weiteres Experiment wird von Dröscher wie folgt beschrieben (ebenda, S. 136 f.): „Sternenhimmel über dem Aral-See: Der Vogel hält Kurs West – Nordteil des Kaspischen Meeres: Kurs West – Halbinsel Krim: Kurs West – Südrand der Karpaten in Rumänien: Die Grasmücke schwenkt langsam auf Kurs Westsüdwest – Donau östlich Belgrad: Kurs Südsüdwest – Serbien: Jetzt schwenkt der Vogel wieder auf seinen normalen Südkurs ein, der ihn sicher über Sofia nach Afrika führt."

In solche Versuche wurden weitere Schwierigkeiten eingebaut. Bei starkem Vollmondschein unterbrechen die Vögel ihren Flug. Erfahren sie nur kurzzeitige Störungen ihrer Sternenorientierung, z. B. durch Wetterleuchten oder Sternschnuppen, so wird auf Landmarken zurückgegriffen, die für Geradeausflüge geeignet sind.

Eine Feststellung scheint an dieser Stelle wichtig: Lange bevor der homo sapiens in der Lage war, das Ruder eines Schiffes in die Hand zu nehmen, orientierten sich Lebewesen nach den Sternen und legten dabei Entfernungen zurück, die die Hälfte des Erdumfangs betragen konnten.

Es gibt Vermutungen, daß sich auch die Nachtfalter bei ihren Flügen nach den Sternen richten. Bewiesen ist bisher, daß sie helle Sterne als Peilmarken für den Geradeausflug verwenden, und dies bringt ihnen in hell beleuchteten Städten oft den Tod. Fliegt ein Nachtfalter z. B. im Winkel von 30° zu einem entfernten Fixstern, dann wäre sein Geradeausflug realisiert. Ist dieser „Fixstern" jedoch eine Straßenlaterne, so zieht es ihn in immer enger werdenden Bahnen zur Quelle des Lichts.

Damit sind die Beispiele für das Orientierungsvermögen im Tierreich aber noch lange nicht erschöpft. Fische und Wale unternehmen in den

Tiefen des Weltmeeres auf immer gleichen „Straßen“ ebensolche Wanderungen. Das bekannteste Beispiel sind wohl die Aalwanderungen zwischen ihrem Geburtsort, der Sargassosee, und den europäischen Flüssen. Der Lachs schlägt den umgekehrten Weg ein. Von den Quellgewässern der Flüsse schwimmt er hinaus ins Meer und kehrt nach zwei bis sieben Jahren in sein heimatliches Bergbächlein zurück. Dies konnte mit markierten Tieren nachgewiesen werden! Des Rätsels Lösung war hier das phänomenale Geruchs- und Erinnerungsvermögen der Lachse. Sie „riechen“ sich bis nach Hause durch, was leider durch die zunehmende Verunreinigung der Gewässer immer schwieriger wird. Deshalb gehört der Lachs in Europa schon lange zu den seltenen Fischen. Die Lachse legen pro Tag etwa 45 bis 55 Kilometer zurück und visieren ihren Zielort schon auf eine Entfernung von 6000 Kilometer richtig an. Genau dort finden sie dann die Mündung ihres Flusses. In großen Aquarien konnte ermittelt werden, daß sich Lachse auf hoher See auch mit Hilfe der Sonne orientieren, obwohl sich durch die Lichtbrechung im Wasser erschwerte Bedingungen ergeben. Mit Hilfe von Spiegeln wurden bei den von Hasler durchgeführten Versuchen andere Sonnenstände vorgetäuscht, und die Lachse schwenkten sofort auf einen anderen Kurs ein.

Stehen mehrere Orientierungsmethoden zur Auswahl, so benutzen die Vögel zunächst die Sonne, erst wenn diese wichtigste Peilmarke auf unserem Planeten nicht zu sehen ist, werden andere Orientierungsmöglichkeiten genutzt.

Die Verfeinerung des „Sonnenkompasses“ der Tiere geht proportional mit ihrer evolutionären Entwicklung einher. Wasserflöhe (*Cladocera spp.*) können sich nur geradlinig auf die Sonne zu bewegen, beschreiben also jeden Tag einen halbkreisförmigen Weg. Die mikroskopisch kleinen Krebstierchen (*Mysidium sp.*) können direkt auf die Sonne zu und im rechten Winkel zu ihr schwimmen. Der schwarzgepanzerte Mistkäfer (*Geotrupes stercorarius*) benutzt zu bestimmten Tageszeiten noch einen mittleren Winkel von 45°. Bis etwa 9 Uhr früh läuft er auf die Sonne zu, dann visiert er sie mit seinem rechten Auge im Winkel von 45° an. Mittags dreht er dann auf Gegenkurs, und etwa um 15 Uhr wird der Winkel von 45° zur Sonne mit dem linken Auge anvisiert, und abends marschiert der Käfer auf die untergehende Sonne zu. Er läuft damit in fast gerader Linie morgens genau nach Osten und abends zurück nach Westen. Bei Bienen und Ameisen sind die unterscheidbaren Winkel kleiner, und diese Tiere können ihren Visierwinkel, unabhängig von der Tageszeit, frei wählen.

Lange war auch das Heimfindevermögen der Brieftauben, die man in dunklen und fest verschlossenen Kästen mehr als hundert Kilometer weit von ihrem Schlag wegtransportiert hatte, ein Rätsel. Die „innere Uhr“ und der Sonnenstand bringen die Taube in ihre nähere Umgebung, von wo aus sie sich nach bekannten Merkmalen in den heimatlichen Schlag findet. Doch da dies auch ohne Sonnenlicht möglich ist, muß es noch andere, bis jetzt unbekannte Orientierungsvarianten geben.

Der Mensch hat nach all dem Gesagten in den Tieren ausgesprochen gute Vorbilder, und ganz sicher waren die Seeleute lange vor der Zeit, aus der wir gesicherte Quellen besitzen, eins mit der Natur und nutzten ihre unzähligen Möglichkeiten, einen Kurs zu bestimmen und das Ziel zu erreichen. Es ist demnach keine Schande, hätte man einem alten Piloten gesagt, daß er sich nach dem Vorbild der Tiere orientiert.

Schriftliche Zeugnisse von Seereisen berichten von den Schwierigkeiten und Mißerfolgen durch mangelhafte Navigation. Doch fanden diese Seereisen, möglicherweise noch bis zur Antike, in sehr enger Verbundenheit zwischen Pilot und Natur statt. Die alten Piloten, die sich an den Erscheinungen der Natur orientierten, konnten keine Schule im heutigen Sinn besuchen und haben ihr Wissen auf die einfachste Art und Weise, vom Vater an den Sohn, weitergegeben. Dieser Wandel leitete eine Entwicklung ein, an deren Ende die Herausbildung europäischer Seefahrtsschulen stand. Wie gut und nötig die Seefahrerschulen waren, die seit dem 15. Jahrhundert existieren, bewies das danachfolgende „Zeitalter der großen europäischen Entdeckungen".

Wenden wir uns zunächst einigen markanten Erfolgen der Seefahrer zu, die diesen Wandel miterlebten und denen bemerkenswerte Fahrten auf See glückten.

Die Bezwingung der Ozeane – Reisen, Hilfsmittel, Ziele und Theorien

Die Geschichte der Seefahrt ist viele Jahrtausende alt, und wir wollen in diesem Kapitel ihr nur dort nachgehen, wo sie über bedeutsame Reisen der Vergangenheit, über die besonders interessante Nutzung örtlicher Gegebenheiten und über die Entwicklung navigatorischer Hilfsmittel berichtet.

Diese Geschichte haben inzwischen zahlreiche Experten in vielen Ländern untersucht. Die Erkenntnisse werden in gewissen Abständen auch, soweit dies möglich ist, in der Praxis überprüft. Dies erfolgt von Wissenschaftlern, deren Aufgabe darin besteht, aus den Einzelwissenschaften ein Ganzes zu bilden.

Einer der Praktiker der Geschichte der Seefahrt, Thor Heyerdahl, hat dies schon vor vier Jahrzehnten recht deutlich gesagt (zitiert nach Jacoby 1966, S. 115): „... Ich hoffe, nicht nur Licht auf die ungelösten Rätsel des Stillen Ozeans werfen zu können, sondern vor allem den Glauben an die derzeitige fossile Methodik der Wissenschaft zu erschüttern. Die Wissenschaft braucht Organisatoren. Sie ist wie ein Volk ohne Regierung, eine Armee ohne Offiziere. Wir haben Tausende von Männern, die graben und graben. Sie bringen Tausende Bruchstücke ans Licht, aber wer setzt sie zusammen? Wo sind die Männer, die in die Breite arbeiten statt in die Tiefe, die zusammenknüpfen und verbinden und zu Ergebnissen gelangen? Sie fehlen uns. Heutzutage muß man Mitglied des heiligen Clans sein, den ausgetretenen Pfaden folgen, Spezialist sein ... Mein Ziel ist es vor allem, den Glauben an den Clan zu erschüttern. Wir brauchen eine neue Form der Wissenschaft, Fachleute, die in die Breite arbeiten, aufbauen und zusammensetzen. Wir brauchen Universitäten für solche Männer ...“

Betrachtet man die zurückliegenden Jahre, so hat sich vor allem in den Wissenschaftszweigen, die sich mit der Geschichte der menschlichen Zivilisation im Sinne Heyerdahls befassen, noch zu wenig geändert. Noch immer ist es nicht selbstverständlich, daß zum Beispiel Astronomen und Archäologen bei der Untersuchung alter Steinsetzungen zusammenarbeiten, noch immer überlassen wir es Autoren wie ERICH VON DÄNIKEN, aufzubauen und zusammenzusetzen.

Die Welt unserer Vorfahren war genauso vielseitig und bunt wie heute – wie sollten Archäologen allein jemals in der Lage sein, sie zu rekonstruieren? Darin liegt nach Meinung des Autors das *große* Problem für die Erforschung der frühen Geschichte. In diesem Licht gesehen, kann Leben und Werk THOR HEYERDAHLS nicht hoch genug eingeschätzt werden. Seine Theorien über bevorzugte Ozeanrouten werfen gleichzeitig auch ein neues Licht auf die Reisen der frühen Seefahrer.

In einer umfangreichen Publikation (1975) stellt er seine Theorien dazu dar. Betrachtet man die Strecke zwischen zwei Punkten, die ein Seefahrer zurücklegen will, so sollte ein Globus verwendet werden. Nur er gibt die realen Verhältnisse anschaulich wieder. Da zweidimensionale Karten nicht gleichzeitig längen- und winkeltreu sein können, entsteht bei globalen Betrachtungen ein völlig falsches Bild. So ist zum Beispiel der Äquator nicht der einzige kurze Weg zwischen Südostasien und Südamerika, der Weg über den Pol ist in diesem Fall genauso lang. Weiterhin entsprechen die zurückgelegten Distanzen auf dem Meer (durch das Wasser) nicht den Seemeilenangaben, die einer Karte oder dem Globus zu entnehmen sind. Würde man auf dem Schiff ein Log (Geschwindigkeitsmeßgerät) installieren, so käme man bald zu dem Schluß, daß die Geschwindigkeit des Schiffes, die man mit Hilfe des Logs ermittelt hat, nicht mit der tatsächlichen Geschwindigkeit übereinstimmt. Mit dem Log kann man nur ermitteln, welche Geschwindigkeit das Schiff in bezug auf die *Meeresoberfläche* (Distanz durch das Wasser) hat. Aber die Meeresoberfläche ist nicht starr, auch sie bewegt sich und zwar in bezug auf den *Meeresboden* (Distanz über Grund) und damit indirekt zur gesamten Landoberfläche. Diese Bewegung der Meeresoberfläche äußert sich am stärksten in den Meeresströmungen. Solange nicht das Verhältnis der lokalen Meeresströmungen und anderer Einflüsse zur technisch erzielbaren Eigengeschwindigkeit des Fahrzeuges bekannt ist, läßt sich keine Aussage über die Reisedauer und Geschwindigkeit treffen. Die auf einer Karte abgemessene Entfernung zwischen Peru und den Tuamotu-Inseln beträgt annähernd 4000 Meilen. Diese Distanz überwand HEYERDAHL wesentlich schneller, als die Meßwerte des Logs dies hätten erwarten lassen. Aus der Geschwindigkeit, die HEYERDAHL mit dem Log ermittelte, konnte er stets die zurückgelegte Distanz berechnen. So erreichte er, zumindest nach seinen Ergebnissen, die Inseln schon nach 1000 Meilen. In dieses Ergebnis sind jedoch nicht die großen Fließgeschwindigkeiten der Ozeanströme einbezogen, die HEYERDAHL mit seinem Log auch gar nicht messen konnte. Er fuhr sozusagen „flußabwärts" nach Polynesien. Die Fließgeschwindigkeit der Meeresströmung und die Eigengeschwindigkeit des Bootes haben sich addiert und dem Scheine nach zu einer Verkürzung der zurückgelegten Distanz geführt. In entgegengesetzter Richtung und beim Fahren in der gleichen Strömung müßte allerdings eine scheinbare Entfernung von

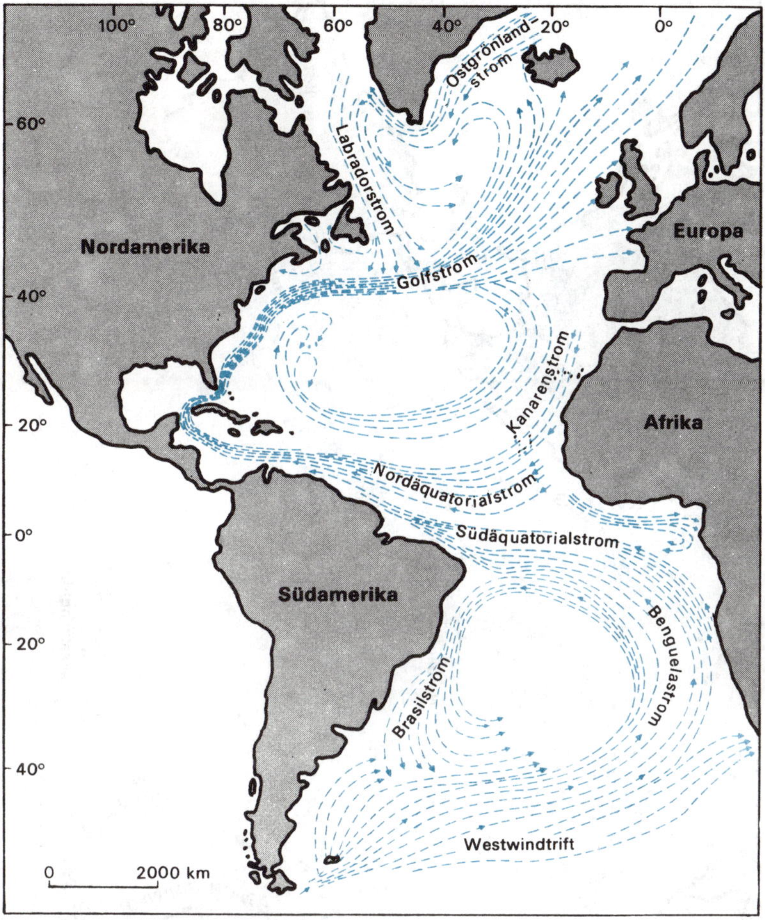

Abbildung 1
Hauptmeeresströmungen im Atlantik

über 7000 Meilen bewältigt werden – dann sieht es mit den Überlebenschancen auf einem kleinen Boot schon nicht mehr so freundlich aus. Natürlich haben die alten Seefahrer solch eine Route nie – oder nur einmal! – eingeschlagen. Die Erfahrung hat ihnen sehr bald gezeigt, an welchen Stellen man den Ozean überqueren muß, um möglichst schnell ans Ziel zu gelangen. In den Abbildungen 1 und 2 sind die Hauptströme des Atlantiks und des Pazifiks eingezeichnet, und der Navigator könnte daraus schon

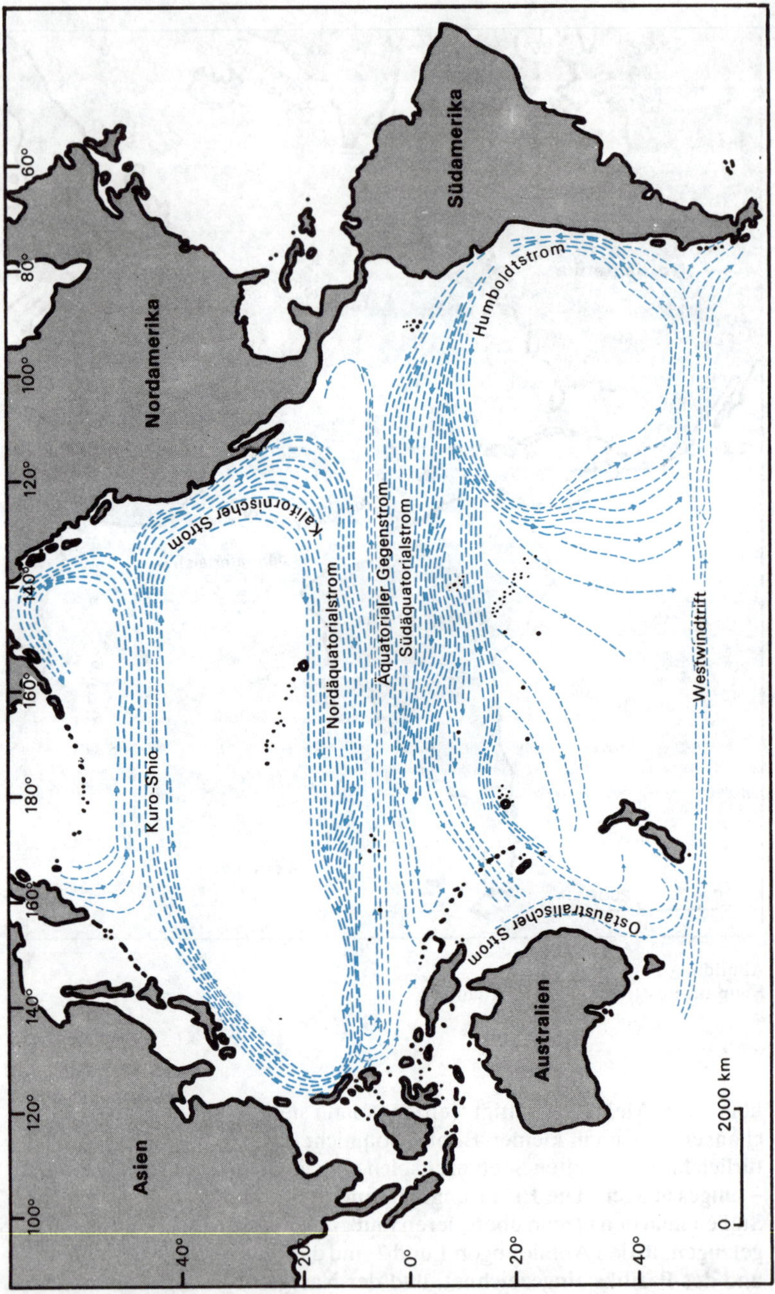
Asien
Nordamerika
Südamerika
Australien
Kuro-Shio
Kalifornischer Strom
Nordäquatorialstrom
Äquatorialer Gegenstrom
Südäquatorialstrom
Humboldtstrom
Ostaustralischer Strom
Westwindtrift
0
2000 km
100°
120°
140°
160°
180°
160°
140°
120°
100°
80°
60°
40°
20°
0°
20°
40°

eine grobe Routenwahl treffen, um abzuschätzen, wie der einzuschlagende Kurs lauten müßte.

HEYERDAHLS Untersuchungen ergaben, daß die alten Seefahrer genau die Routen eingeschlagen hatten, die eine ideale Überfahrt ermöglichten. Sie sollen kurz beschrieben werden: Die LEIV-ERIKSSON-Route wurde nach dem berühmten Wikinger, der um das Jahr 1000 u. Z. bereits den Atlantik überquerte und nach Labrador gelangte, benannt. Sie verläuft entlang der Ost- und Südküste Grönlands nach Labrador und Neufundland und nutzt dabei den Ostgrönland- und den Labradorstrom aus.

Wie Berichte zwischen dem 11. und dem 14. Jahrhundert zeigen, sind mindestens fünf Versuche unternommen worden, um in die Neue Welt zu gelangen (siehe Kapitel BRENDANS Reise). Der amerikanische Archäologe E. F. GREENMAN hält es sogar für möglich, daß Menschen bereits im Jungpaläolithikum am Rande der Eisfront, die sich von Labrador bis zu den Küsten Irlands erstreckte, nach dem nordöstlichen Nordamerika gelangten.

Die KOLUMBUS-Route ist zwar wesentlich länger, doch sind hier für die Seefahrer bessere klimatische Bedingungen, außerordentlich günstige Strömungen und stetiger Rückenwind infolge des Passats vorhanden. „Eigentlich beginnt sie", schreibt HEYERDAHL (1975, S. 36), „entlang der Küste Nordwestafrikas und läuft mit dem Kanarischen Strom geradewegs auf Westindien und den Golf von Mexico zu. Sie nimmt einen starken Zubringer von Madagaskar und Südafrika auf, der ebenfalls nach Westindien zieht, aber entlang der brasilianischen Küste. Obwohl diese beiden Ozeanwege an zwei getrennten Punkten Afrikas ansetzen, können sie gut als Teile einer Meeresroute betrachtet werden, die das tropische Amerika in die Reichweite Afrikas zieht – aber nicht umgekehrt Afrika in die der Neuen Welt."

Die Hauptroute im Südpazifik bezeichnet HEYERDAHL als MENDAÑA- oder Inka-Route. MENDAÑA, ein spanischer Seefahrer (1541 bis 1595), stach 1567 von Callao (Peru) aus in See, um im Stillen Ozean neue Schifffahrtsstraßen von Südamerika nach den Philippinen zu erkunden, vor allem aber, um das sagenhafte Südland zu finden. Auf dieser Reise entdeckte er die südlichen Salomonen. HEYERDAHL untersuchte diese Route mit seiner weltberühmten Kon-Tiki-Expedition im Jahr 1947. Bis 1974 sind auf diesem Weg insgesamt neun Seefahrer mit einfachen Eingeborenenfahrzeugen nach Polynesien gelangt. Wie die Stömungen zeigen, ist aber auch hier eine Rückreise kompliziert, meist unmöglich. Die frühen spanischen Seefahrer schlugen deshalb einen Weg ein, der sie nördlich an Hawaii vorbeiführte, wobei die Passate geschickt genutzt wurden.

Abbildung 2
Hauptmeeresströmungen im Pazifik

Der Spanier ALVARO DE SAAVEDA fuhr 1527 von Zacatula (mexikanische Pazifikküste) Richtung Westen. Er durchquerte eine unendlich scheinende Wasserwüste in der Breite zwischen dem Äquator und Hawaii, bis er schließlich zu den Philippinen kam. Dort wartete er, bis der Wind sich drehte, und kam glücklich wieder nach Mexiko. Die Dauer der Reise wird dabei auf der Hinfahrt durch den schnell fließenden Nordäquatorialstrom beträchtlich verkürzt. Ein starker Passat im Rücken und günstige klimatische Bedingungen lassen diesen Kurs ideal werden.

Erst 1565 wurde durch den Spanier ANDRES DE URDANETA eine ebenso günstige Rückkehrroute entdeckt. Sie führt von Indonesien nach Mexiko in hohen Breiten nördlich von Hawaii. Die Fahrzeit wird durch das nach Osten fließende Stromsystem, das aus dem Nordpazifischen und Kalifornischen Strom sowie dem Kuro-Shio-Strom besteht, verkürzt. Er bringt warmes Wasser direkt aus dem Philippinenmeer nach Nordwestamerika und bewirkt somit eine Erhöhung der dortigen Lufttemperatur. Zusammenfassend stellt HEYERDAHL (1975, S. 41) fest: „Die Möglichkeit transozeanischen Kontakts mit Altamerika ist sehr begrenzt, aber doch vorhanden. Es gibt keine natürlichen Rückkehrrouten auf der atlantischen Seite, wohl aber einen möglichen Zugang im extremen Nordosten, der in den Eiszeiten noch wichtiger gewesen sein mag, und eine weitere mögliche Route gelegentlicher Verschlagungen von Afrika in den Bereich des Golfs von Mexico. Von der pazifischen Seite führt eine natürliche Abfahrtsroute von Mexico und Mittelamerika nach Indonesien und eine weitere von Peru nach Polynesien und zu den dahinter liegenden Inseln. Eine große natürliche Anfahrt führt von Indonesien und Japan nach Nordwestamerika und Mexico. Sie wird in der Arktis von dem beinahe schon zum Festland gehörigen Brückenpfeiler der Alëuten und von der Bering-Straße flankiert. Forcierte Überfahrten außerhalb dieser natürlichen Ozeanrouten erfordern höchstes navigatorisches Geschick und – fast unerläßlich – das Wissen, daß Land voraus liegt."

Nach dem Gesagten gibt es keinen Zweifel mehr, daß sich die Entwicklung der Schiffahrt und damit der Navigation nicht nur im Mittelmeerraum oder an den Küsten der Kontinente entlang abgespielt hat. Man sollte nie vergessen, daß die überlieferten Reisen nur einen Bruchteil der Fahrten beschreiben, die tatsächlich durchgeführt wurden. Die dürftigen Quellen über alte Seereisen enthalten zudem nur selten Angaben über die Navigationstechnik an Bord dieser Schiffe. Es lassen sich praktisch nur indirekte Schlüsse über das Können der Piloten aus den Erfolgen dieser Schiffsreisen ziehen.

Nach HANKE begann die Schiffahrt mit Flößen und nicht mit Einbäumen, da letztere eine kompliziertere Technologie zu ihrer Herstellung erfordern. „Es unterliegt heute keinem Zweifel mehr, daß die polynesischen Archipele vom ostasiatischen Festland aus mit solchen hochseetüchtigen Flößen, auf denen auch Kleinvieh, Saatgut und Humus mitgenommen werden konnte, besiedelt worden sind. Möglicherweise war das

Balsafloß auch das Pionierfahrzeug für die erste Bezwingung des Pazifiks, ‚immer ostwärts segelnd, wo die Sonne aufgeht‘, wie es in einem alten polynesischen Gesang heißt“ (HANKE 1981, S. 18).

Die Flöße wurden wahrscheinlich mit hölzernen Senkschwertern (Guaras heißen sie in Südamerika), die zwischen den Floßstämmen eingetaucht und angehoben werden konnten, gesteuert. Mit diesen kann man, wenn sie vorn und achtern angebracht sind, sogar gegen den Wind kreuzen.

Wer heute noch von einer „sechstausendjährigen“ Seegeschichte spricht, ignoriert die zahlreichen Bemühungen verschiedenster Fachrichtungen zur Erforschung dieser Geschichte. Die Anfänge sind nach dem heutigen Erkenntnisstand viel früher zu suchen. Vor 40000 Jahren, meinen einige Autoren, wurden mit Muskelkraft betriebene Flöße und Einbäume schon weltweit benutzt. Diese Fahrzeuge konnte man zunächst mit Hilfe der terrestrischen Navigation (Orientierung nach markanten Punkten am Land) steuern, da sich wahrscheinlich nur durch ungewollte Sturm- oder Strömungseinwirkung von der Küste entfernten. Zweifellos wurden bevorzugt solche Stellen für die Überquerung der Meere genutzt, die eine kurze Fahrt auf See garantierten. Um von Indonesien nach Australien und Tasmanien zu gelangen, wurden die Straße von Timor, die Torres- und die Bass-Straße benutzt. Zwischen Afrika und Europa bietet sich die Meerenge von Gibraltar für eine Überfahrt nahezu an. Doch sei auch daran gedacht, daß das Mittelmeer vor einigen hunderttausend Jahren wesentlich schmaler war als heute (HANKE 1981, S. 19). Die gesamte Adria und Teile des südlichen Beckens waren damals noch Land. HANKE führt als Hinweis auf eine sehr frühe europäische Seefahrt noch die an der Atlantikküste von Skandinavien bis Gibraltar zu findenden megalithischen Bauwerke an. Doch ist ihr Alter sicher nicht auf zehntausende von Jahren anzusetzen. Die Steinkreisanlage in Südengland „Stonehenge“ stammt jedenfalls aus der Zeit um 2200 v. u. Z. und scheint eine der ältesten zu sein.

7000 v. u. Z. gab es im Mittelmeer bereits Schiffsverkehr, das heißt geplante und gezielte Fahrten mit der Möglichkeit zurückzukehren. Auch dies mögen noch Reisen in Küstennähe gewesen sein. Hier ist auch die erste Verwendung von Landmarken an den Küsten in Betracht zu ziehen, die für die terrestrische Navigation unerläßlich sind. Darüber hinaus vertritt der Autor die Auffassung, daß in dieser Zeit und bis hinein in die Antike die natürlichen Navigationshilfsmittel noch in breitem Umfang genutzt worden sind. Darauf soll im letzten Kapitel eingegangen werden.

Etwa seit dem 5. Jahrtausend v. u. Z. fuhren auf ägyptischen und chinesischen Gewässern Barken und Dschunken unter Segel, und ab 3500 v. u. Z. betrieben die Sumerer Schiffahrt auf dem Persischen Golf (vgl. Abb. 3). Es mögen Schiffe aus Berdi-Schilf gewesen sein, so wie HEYERDAHL eines nachbaute und mit ihm, der „Tigris“, die Fahreigenschaften und Navigationsmöglichkeiten testete.

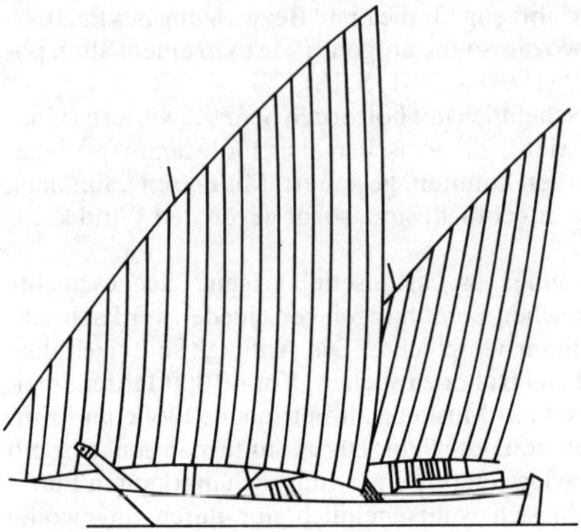

Abbildung 3
Arabischer Dhau-Segler
– eine sehr alte Bootsform

Die Anfänge des Phönizierreiches gehen bis in das 3. Jahrtausend v. u. Z. zurück. Zu diesem Zeitpunkt wurde die Hafenstadt Sidon gegründet. Die Phönizier waren geschickte Handwerker und kluge Handelsleute, die ihre Waren bald per Schiff über das Mittelmeer transportierten. 2760 v. u. Z. wurde die Tochterstadt Tyrus gegründet, die Schiffe zogen immer weitere Bahnen durch das Mittelmeer. Nach phönizischen Urkunden wurde im Jahr 1160 v. u. Z. die Stadt Gades erbaut. Diese wurde zum Ausgangspunkt neuer Reisen nach Norden, zu den Zinnvorkommen im Südwesten Englands, ja sogar bis zu den Bernsteinküsten der Ostsee.

Um 2500 v. u. Z. gab es bereits einen ausgeprägten Seehandel an den Küsten des Roten und des Mittelmeeres, nicht nur von seiten der Phönizier, sondern auch der Ägypter. König Snofru (2840 bis 2816 v. u. Z.) schickte 40 Schiffe nach dem Libanon, um sie mit Zedernholz zu beladen. Sie kehrten glücklich nach Ägypten zurück. Von König Sahure (2673 bis 2661 v. u. Z.) stammt die erste Abbildung eines Schiffes, und 2000 v. u. Z. befuhren ägyptische Schiffe schon den Indischen Ozean. Von Köster (1925) liegen Untersuchungen über die Seefahrt der Ägypter im Roten Meer vor. Eine Navigation wurde hierbei durch ideale Strömungs- und Windverhältnisse wesentlich erleichtert. So herrschen von Juni bis August nordwestliche Winde vor, die im Norden frisch, im Süden schwächer sind und von Windstillen unterbrochen werden. Im Golf von Aden wehen von Oktober bis April Winde aus Ost-Nordost, während in der Straße von Bab-al-Mandab Südostwinde vorherrschen, die in den Monaten Oktober bis Dezember am weitesten nach Norden reichen. Segler, die im nördlichen Teil des Roten Meeres bei Koseir (Kosser) in See stachen, konnten von Juni bis August bei stetig achterlichen Winden die 1 200 Seemeilen lange Strecke bis in den Golf von Aden nahezu ohne zusätzlichen Antrieb bewältigen. Hinzu kommt der im Juni nach Südosten einsetzende Strom mit einer Geschwindigkeit von 1 sm/h, das heißt bei ausschließlichen Tagfahrten sind dies pro Tag 10 bis 12 Seemeilen. Für die Gesamtstrecke von 1 100 Seemeilen haben die Schiffe 30 bis 40 Tage benötigt. Für die Rückkehr wurden die Monate Oktober bis Dezember genutzt, wo die natürlichen Verhältnisse entsprechend umgekehrt sind.

Um 1700 v. u. Z. begannen die Fahrten der Ägypter nach Punt, jenem geheimnisvollen Ort an der afrikanischen Küste des Roten Meeres. Vom Alten Reich bis hinein in die Ptolemäerzeit trieben die Ägypter mit den Bewohnern dieses Landstriches Tauschhandel. Hier waren es besonders Weihrauch (gummiartiges Harz einer Akazienart) und Myrrhe, die die Seefahrer lockten. Nachweise über diese Reisen stammen aus dem Terrassentempel der Königin HATSCHEPSUT (ihr Name bedeutet: Erste der Prächtigen), die von 1490 bis 1468 v. u. Z. regierte und mehrere Punt-Expeditionen ausrüstete. Die Bilder im Tempel zeigen uns Einzelheiten der Schiffe und ihrer Ausrüstung, aber auch die Bewohner des Landes Punt, die offensichtlich in Hütten auf Pfählen wohnten.

Mit Pharao SESOSTRIS I., der von 1971 bis 1928 v. u. Z. regierte, begann der Bau eines ersten „Suezkanals", um eine Verbindung vom Mittelmeer über den Nil ins Rote Meer zu schaffen, deren Bedeutung nicht erläutert werden muß. Erst seinem Nachfolger, AMENEMHET II., gelangte der Durchstich vom östlichen Mündungsarm des Nils zum Timsah-See und über den Großen und Kleinen Bittersee ins Rote Meer. Der Kanalbau wirkte sich besonders förderlich auf die Handelsbeziehungen mit Mesopotamien aus, hatte aber auf die Verbesserung der Navigationsmethoden keinerlei Einfluß. Die Seefahrer konnten die Hauptstrecke mit Landsicht fahren. Bestimmt wurden auf den Schiffen ortskundige Lotsen eingesetzt, die zeitweise das Steuer übernahmen.

In dieser Zeit (ab etwa 2000 v. u. Z.), in der schon schriftliche Aufzeichnungen existierten, entstanden nach Annahme des Autors die ersten Segelhandbücher (auch Periplus oder Stadiasmos der Antike). Diese waren zunächst ganz einfache Beschreibungen dessen, was man während einer Fahrt auf See sieht. Die Aufzeichnungen sind im Laufe der Jahrhunderte ständig weiter präzisiert und ergänzt worden und beinhalten mittlerweile die für die Schiffahrt erforderlichen Angaben nahezu komplett. Interessant ist, daß in den überlieferten Seehandbüchern Kursangaben nur selten zu finden sind. Vor allem bestehen sie aus Beschreibungen der Küsten, Angaben zur Beschaffenheit des Fahrwassers, Aussehen des Strandes, natürliche Landmarken und Ansegelungspunkte, Vorgebirge, Gestalt einzelner Bäume, Hinweise auf Verteidigungsanlagen, hohe Tempel u. ä. Natürlich – und auch darin gleichen die antiken den gegenwärtigen Seehandbüchern – wurde verzeichnet, wie die Landeplätze aussehen, ob es dort Trinkwasser und freundlich oder feindlich gesinnte Zeitgenossen gibt und was an Geschenken mitzunehmen ist, um aus den feindlichen friedliche Einwohner zu machen. Eines der berühmten Segelhandbücher

Abbildung 4
Die Flotte des assyrischen Königs SANHERIB (705–681 v.u.Z.).
Die Schiffe der Handelsflotte besitzen einen runden, die Kriegsschiffe einen spitzen Bug (nach KÖSTER 1923).

stammt von ARRIANUS, der um 95 u. Z. geboren wurde und 175 starb. Er war kaiserlich-römischer Offizier, Konsul und Statthalter von Kappadokien und dazu – welche Freizeit müssen damals die Regierungsgeschäfte noch gelassen haben! – ein bedeutender Historiker. Er schrieb über den Perserfeldzug ALEXANDER DES GROSSEN, eine Geschichte Indiens sowie ein schon erwähntes Segelhandbuch, das der französische Admiral JURIEN DE LA GRAVIERE, der während des Krimkrieges 1854 Schiffe im Schwarzen Meer befehligte, wie folgt charakterisiert: „Wenn ich damals schon das antike Segelbuch des Arrian gekannt hätte, so würde ich es mit großen Nutzen gebraucht haben; alles, was mir an geographischem Material zur Verfügung stand, hätte mir den Arrian nicht ersetzen können“ (zitiert nach KÖSTER 1923, S. 9 f.).

Ein zweites berühmtes Segelhandbuch ist der „Stadienzeiger oder Rundfahrt um das Mittelländische Meer“ aus dem Altertum. Die prinzipielle Segelanweisung lautete ganz einfach: Folge dem Lauf der Küste. Dann kommen von Paragraph zu Paragraph Aufzählungen, in welchem Abstand ein Küstenplatz vom nächsten liegt, wenn man direkt der Küste folgt. Nur dort, wo starke Einbuchtungen des Landes eine Abkürzung der Strecke ermöglichen, wird die Überfahrt angegeben. „Sind so die einzelnen Entfernungen zwischen den Hafenplätzen und Vorgebirgen eines Küstensaumes aufgezählt, so wird mit Rücksicht darauf, daß der Kurs nicht geradlinig, sondern in ein- und auswärts gekrümmten Bogen verlief, je nachdem Buchten und Landzungen ein Ein- und Umsegeln nötig machte, die Summe abgerundet und diese als Distanz vom ersten bis zum letzten Orte betrachtet. Endlich ist man wieder am Ausgangspunkt angelangt, und der ‚Periplus' d.i. die Rundfahrt ist vollendet", schreibt BREUSING (1886, S. 7).

Wenn wir uns in diesem Kapitel eine Übersicht zu alten Seereisen und den zur Verfügung stehenden navigatorischen Hilfsmitteln verschaffen wollen, so ist dies durch die Jahrtausende, die die Geschichte nunmehr umfaßt, ein beinahe unmögliches Unterfangen. Vielleicht sollte man dennoch versuchen, dem Leser eine ungefähre Vorstellung davon zu geben, was zu einer bestimmten Zeit unter Abforderung der ganzen Leistungsfähigkeit jedes Einzelnen möglich war. Es sei an dieser Stelle auch darauf hingewiesen, daß alte Seereisen keinesfalls so einsam stattfanden, wie es heute mutige Forscher und Seeleute versuchen nachzuvollziehen, aber es sei zu ihrer Ehrenrettung gesagt, daß sie dies in der Regel aus finanziellen und technischen Gründen gar nicht anders durchführen könnten. HÖVER (1961, S. 154) schreibt dazu: „Man muß sich wirklich hüten, die monatelange Einsamkeit abenteuernder Einzelgänger auf der insellosen Weite eines Weltmeeres für ein ‚Nachbild' der interinsularen Navigation wandernder Segelvölker zu halten. Wir müssen uns im Gegenteil vorstellen, daß sie nicht regellos jeder für sich aufs Geratewohl ausschwärmten. Sie haben viel mehr die ‚Marine-Taktik' des Segelns im Verbande einer ganzen Flottille befolgt, sie haben Geschwader-Navigation betrieben ... Die geordnete Streuung der Boote vergrößerte die Sichtweite über den Horizont um den Abstand der Schiffe voneinander. Hielten die Boote etwa 3 Seemeilen Abstand untereinander, so war die ganze Dwarsformation bei einer Stärke von – angenommen – zehn Fahrzeugen über die Distanz von 30 Seemeilen verteilt, bei größeren Verbänden entsprechend mehr." Die Verständigung untereinander erfolgte durch Schallübertragung mit über Bord gehängten irdenen Töpfen, die angeschlagen einen hellen, scharfen Ton geben, der meilenweit zu hören ist.

Von der Fahrt, über die nun zu berichten sein wird, kennt man keinerlei nähere Angaben, nur die Ergebnisse erscheinen in der Literatur. Gemeint ist die Reise des PYTHEAS VON MASSALIA (das heutige Marseille) in den Nordatlantik.

PYTHEAS fährt nordwärts

Von seinem Reisebericht „Über das Weltmeer", der um 322 v. u. Z. verfaßt wurde, ist nur noch ein einziger Satz im Original erhalten geblieben. Da seine Beobachtungen in dieser Zeit so revolutionierend waren, wurde er von vielen Autoren angefeindet. Bei STRABO liest man: „Denn Pytheas, der Thule erforscht hat, hat sich als der lügenhafteste Mensch erwiesen, und alle, die Britannien und Irland gesehen haben, sagen nichts von Thule ..." (nach PYTHEAS 1959, S. 44). Dieser Ort lag vermutlich an der norwegischen Küste. DIKAIARCH, POLYBIOS, ARTEMIDOR als Gegner, ebenso aber auch seine Anhänger, wie TIMAIOS, XENOPHON, POSEIDONIOS, KRATES VON PERGAMON, ERATOSTHENES und HIPPARCH, haben dazu beigetragen, daß es heute möglich wird, einen Überblick von PYTHEAS' Bericht zu bekommen. Für die geographische Erschließung, aber auch in bezug auf die Anwendung der Navigation auf See, kann die Reise als die wissenschaftlich erfolgreichste Fahrt vor dem Zeitalter HEINRICH DES SEEFAHRERS (15. Jahrhundert, er starb 1460) bezeichnet werden.

Massalia war damals die führende Kolonie der Griechen im gesamten Bereich des westlichen Mittelmeeres. Es war die Zeit, in der sich die Kelten bis England, Oberitalien, den Balkan und Böhmen ausgebreitet hatten. Möglicherweise war PYTHEAS ein Privatmann, der seine Reisen selbst finanzierte. Ob er dies als Kaufmann tat, ist ungewiß. Mit großer Wahrscheinlichkeit verlief seine Fahrtroute zunächst um Spanien und England, dann zu den Orkney- und Shetland-Inseln und durch das Skagerrak zum Kap Arkona. Von dort fuhr er in die nördliche Ostsee, zurück zur Newamündung und weiter zur Odermündung, bis er schließlich über Cornwell (Bernstein- und Zinnland) und Spanien nach Massalia zurückkehrte.

Bei der Lösung der Navigationsprobleme kamen PYTHEAS sicher seine astronomischen Kenntnisse zu Hilfe. Er erkannte, daß der Polarstern nicht am wirklichen Pol liegt und berechnete die geographische Breite von Massalia zu 39°, der richtige Wert beträgt 43° 19' n. B. Seine Breitenberechnungen dienten HIPPARCH als Bezugspunkte bei der Erstellung einer Karte von Nord- und Mitteleuropa. PYTHEAS berechnete die Distanzen nach den Tagesfahrten. So ist Gadeira (Gades) 5 Tagesfahrten von Massalia entfernt. Vom nördlichen Britannien bis Thule sind es sechs.

Ähnliche Untersuchungen stellte PYTHEAS über die Tageslängen in verschiedenen geographischen Breiten an. Als Beispiel sei die erhaltene Stelle bei GEMINOS (Einführung in die Himmelserscheinungen) erwähnt, die bei PYTHEAS mit aufgeführt ist: „Für die noch nördlicher von der Propontis (Marmarameer) wohnenden Menschen hat der längste Tag 16 Äquinoktialstunden, und für die noch weiter nördlich wohnenden 17 und 18." In diesen Gegenden scheint auch PYTHEAS VON MASSALIA gewesen zu sein. Er sagte jedenfalls in seinem Werk „Über das Weltmeer": „Die Barbaren zeigten uns, wo sich die Sonne schlafen legt. Denn es traf zu, daß in diesen Gegenden die Nacht nur kurz ist, für die einen zwei, für die anderen drei Stunden, so daß die Sonne nach ihrem Untergang nach einer kurzen Zwischenzeit gleich wieder aufgeht" (PYTHEAS 1959, S. 52). Für die längsten Tage gibt PYTHEAS folgende Werte an: Massalia 15,25 h, an der nördlichen Keltenküste 18 h, im Süden Britanniens 19 h und auf Thule im höchsten Norden 24 h.

Welch exakter Beobachter PYTHEAS war, zeigt seine Feststellung, daß Ebbe und Flut unmittelbar mit der Zu- und Abnahme des Mondes zusammenhängen. Der große PLATO dagegen vertrat die Auffassung, daß es eine natürliche Schaukelbewegung der Erde gäbe, die in Verbindung mit einem Loch in der Erde das Hin- und Herströmen des Wassers bewirke.

So bleibt die Reise von PYTHEAS bis in die Nähe des „geronnenen Meeres, welches Bernstein auswirft", die aus den Berichten anderer Autoren wieder nachvollziehbar wird, eine der wichtigsten Hinweise auf die navigatorischen Fähigkeiten europäischer Seefahrer vor über zwei Jahrtausenden.

Die Entwicklung der Navigationsmethoden war während des Altertums besonders im Gebiet des Mittelmeeres vorangeschritten. Dies zeigt sich vor allem in der Sammlung von Informationen über natürliche Orientierungshilfen, das heißt durch ein beträchtliches Anwachsen des Erfahrungsschatzes, der, wie wir schon sahen, eine erhebliche Bedeutung besitzt.

Noch in das erste Jahrtausend vor unserer Zeitrechnung fallen die Seereisen der Etrusker, die von HERODOT als Tyrrhener bezeichnet wurden. Dieses immer noch rätselhafte Volk, das als direkter Vorfahre der Römer gilt, war noch bis vor einem Jahrhundert in seiner Lebensweise, Geschichte und Kultur völlig unerforscht. Es waren die Römer selbst, die alle Spuren verwischten, um dadurch ihre kulturellen Leistungen, die nur zu oft solche der Etrusker waren, in hellerem Lichte erstrahlen zu lassen. Für die Herkunft dieser Menschen gibt es zwei Hypothesen; nach einer kamen sie aus dem Osten über das Meer, und dies kann man durch Ähnlichkeiten der Sprache, der Religion, des Brauchtums und des dekorativen Geschmacks beweisen. Sie sind dabei zweifellos mit Schiffen gefahren, und wir kennen durch zahlreiche Abbildungen auch ihr Aussehen. Das Titelbild dieses Buches zeigt ein solches. Es stammt aus einem Fresko in der „Tomba della Caccia e della Pesca" in Tarquinia (um 520 v. u. Z.). Am Heck dieses Bootes ist ein Steuerruder zu erkennen.

Für ihre Handelstätigkeit haben die Etrusker schon sehr früh eine eigene Flotte aufgebaut. „Die Macht der Etrusker war so groß", schrieb LIVIUS, „daß der Ruhm ihres Namens nicht nur das Land, sondern auch das Meer in der ganzen Ausdehnung Italiens, von den Alpen bis zur Meerenge von Messina, erfüllte." DIODORUS SICULUS äußerte sich zu den kriegerischen Aktivitäten: „Auch als Seemacht waren sie stark, und sie beherrschten lange das Meer, so daß die Gewässer vor Italien von ihnen den Namen Tyrrhenische See erhielten" (zitiert nach KELLER 1970, S. 76).

DIONYSIUS schrieb von der Schiffsbautechnik der Etrusker und THEOPHRAST berichtete, wie sie so große Bäume in den Wäldern fällten, daß ein Stamm als Kiel für große Schiffe ausreichte. PLINIUS zitierte aus einer griechischen Quelle die Mitteilung, wonach der gefährliche, als Rammsporn ausgebaute Schiffsschnabel die Erfindung eines Tyrrheners aus Pisae gewesen sein soll. Die in den zahlreichen Gräbern gefundenen Gegenstände beweisen sehr deutlich, daß die Etrusker auf ihren Fahrten das ganze Mittelmeer durchkreuzt haben. Daß sie gute Navigatoren an Bord hatten, steht außer Zweifel. Ihre Hilfsmittel und Verfahren sind von anderen Völkern dieser Zeit bekannt.

Es ist durchaus korrekt zu schreiben, daß es im ersten Jahrhundert unserer Zeitrechnung schon einen regelmäßigen Schiffsverkehr im Mittelmeer gab (ROST 1968). Beispielsweise empfahl Kaiser TITUS (39 bis 81 u. Z.), der älteste Sohn und Nachfolger des VESPASIANUS, dem AGRIPPA (28 bis 92 u. Z.), einem Enkel HERODES, als er von Rom nach Judaea reisen wollte, ein Schiff aus Alexandria zu nehmen, denn diese Reiseroute sei die beste, und die Segelschiffe dieser Linie seien ausgezeichnet. Bewährte Besatzungen, so kann man lesen, führten die Reisenden mit der gleichen Zuverlässigkeit und Sicherheit ans Ziel, wie der Rennfahrer seine Pferde auf der Rennbahn.

Ägypten war seit dem Jahr 30 u. Z. römische Provinz, und die Römer führten zwischen Rom und Alexandria einen planmäßigen Verkehr mit Kauffahrteischiffen, die bis zu 600 Personen und Güter transportierten, durch. Die wesentlichsten Navigationshilfen in dieser Zeit waren Landzeichen (später auch befeuerte Türme) und vor allem die Beobachtung der Gestirne für die Bestimmung des Kurses.Die für die Seefahrer „günstige Jahreszeit“ begann am 5. März jeden Jahres. Von da ab gab es fast immer wolkenlosen Himmel und gute Sicht. Deshalb wurde der 5. März als der Festtag „navigium Isidis“ mit Musik und Prozessionen feierlich begangen.

Daran, daß es bereits in den ersten beiden Jahrtausenden vor Beginn unserer Zeitrechnung als entscheidende Voraussetzung für eine Navigation gute Karten ab, ist nicht mehr zu zweifeln. HERODOT (1956, V, 49) berichtet von einer Erdkarte: „Aristaboras, der Tyrann von Milet (um 500 v. u. Z.), kam also nach Sparta, als KLEOMENES dort König war. Als er bei ihm vorgelassen wurde, brachte er, wie die Lakedaimonier [Einwohner von Sparta, d. Verf.] sagen, eine eherne Tafel mit, auf der der Umkreis der ganzen Erde, auch alle Meere und Flüsse eingeschnitten waren, und sagte zu ihm ... 'Nun will ich dir auch zeigen, wo die verschiedenen Völker wohnen. Hier neben den Ioniern wohnen die Lyder in einem herrlichen Lande, wo es viel Silber gibt.‘ Dabei zeigte er ihm auf der ehernen Tafel, die er mitgebracht hatte, die Stelle, wo ihr Land eingezeichnet war.“

KÖSTER (1923, S. 186f.) schildert die Herstellung einer Seekarte durch den Perserkönig DAREIOS I., auch DARIUS genannt (521 bis 485 v. u. Z.). Er hat damit den griechischen Arzt DEMOKEDES aus Kroton beauftragt: „Als der Tag anbrach, rief Darius fünfzehn angesehene Perser zu sich und befahl ihnen, sie sollten dem Demokedes folgen und sich die Meeresküste von Hellas ansehen ... So fuhren sie nach Hellas, immer nahe am Lande, und besahen die Meeresküste und zeichneten sie auf.“

Daß die Seefahrt mit ihren Navigationsproblemen einen nicht unbedeutenden Platz im Leben der Menschen vergangener Jahrtausende einnahm, bewiesen auch einige Bibelstellen. Nachdenklich, aber keinesfalls humorlos kann das folgende Zitat aus den Sprüchen AGURS charakterisiert werden (Bibel, Sprüche SALOMONS 30, 18 und 19): „Drei sind mir zu wundersam, und vier verstehe ich nicht: des Adlers Weg am Himmel; der Schlange Weg auf dem Felsen; des Schiffes Weg mitten im Meer und des Mannes Weg beim Weibe."

Im Klagelied über Tyrus berichtet HESEKIEL (Bibel, HESEKIEL 27, 5f.) über Schiffsbau und Steuerleute: „Sie haben all dein Plankenwerk aus Zypressenholz vom Senir gemacht und die Zedern vom Libanon geholt, um deine Mastbäume daraus zu machen; deine Ruder haben sie aus Eichen von Basan gemacht und deine Wände mit Elfenbein getäfelt, gefaßt in Buchsbaumholz von den Gestaden der Kittiter. Die Edlen von Sidon und Arward waren deine Ruderknechte, und die kundigsten Männer von Tyrus hattest du als deine Steuerleute."

Zur Entwicklung der Navigation in der Zeit der Antike bis hin zum Mittelalter gibt es viele Einschätzungen. MÜLLER (1928, S. 11) charakterisiert sie für die Zeit zwischen 600 v.u.Z. und 1000 u.Z. folgendermaßen: „Außer Sicht von Land oder des Nachts bei bewölktem Himmel fehlte den Nautikern der Wegweiser, sie waren allein auf ihre Erfahrungen und Beobachtungen angewiesen, nach denen sie aus der Richtung des Seeganges, und unter Umständen Angaben des Lots, ihren Kurs bestimmten." Die Darlegung mag unvollständig sein, doch zeigt sie, daß auch in diesem Zeitabschnitt die Natur noch intensiv beobachtet werden mußte, und, was dem Autor nicht unwichtig scheint, die Seefahrt nur auf Grund einer langen Tradition existieren konnte. Man war, wie selten, auf alle Angaben der vorherigen Generationen angewiesen. Jede vergessene Eintragung einer felsigen Erhebung im Meer oder einer Sandbank wird Opfer gekostet haben und damit, falls es Überlebende gab, für zukünftige Seefahrer an dieser Stelle nicht mehr gefährlich gewesen sein.

BRENDANS Reise nach Amerika

In die Zeit des 6. Jahrhunderts u.Z. fällt die Seefahrt eines mutigen irischen Mönches. Sie wurde von vielen Autoren als Phantasterei abgetan, doch gibt es so zahlreiche Berichte und vor allem einen Nachvollzug dieser Reise, so daß man die Sache durchaus ernst nehmen muß. Im Zusammenhang mit der Auswertung dieser modernen Reise und den alten Berichten läßt sich ein Überblick zu den wirklichen Geschehnissen erhalten. Gemeint ist der irische Mönch BRENDAN und seine Navigationsschrift „Navigation Saneti Brendani Abbatis" (SELMER 1959). Es war der Landsmann BRENDANS, der irische Geograph und Seemann TIMOTHY SEVERIN, der in den Jahren 1976 und 1977 das von BRENDAN beschriebene Boot aus hölzernen Spanten, bedeckt mit harzgetränkten und fettverschmierten Ochsenfellen nachbaute und über die Nordatlantikroute in mehreren Etappen schließlich Amerika erreichte (vgl. Abb. 5).

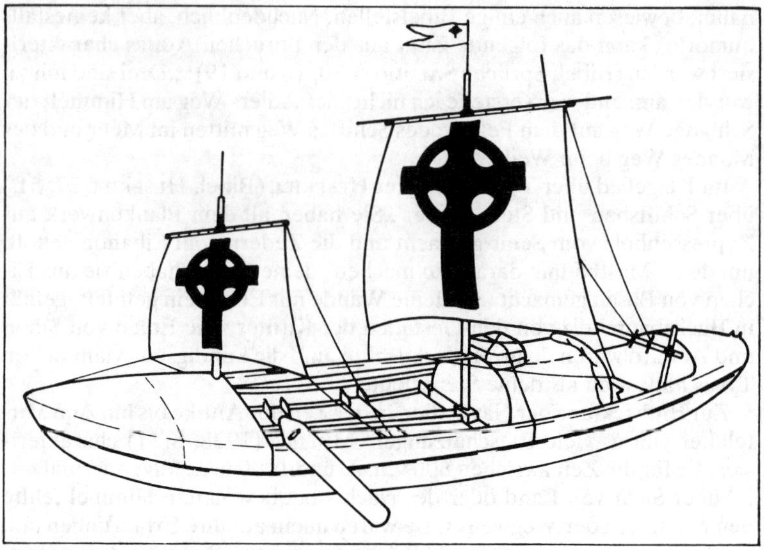

Abbildung 5
Mit diesem nach alten Vorlagen gebauten Lederboot gelangte der irische Geograph TIMOTHY SEVERIN 1975/76 von Irland nach Amerika (nach SEVERIN 1981)

BRENDAN war etwa im 6. Jahrhundert u. Z. in der Gemeinde Clonfert (Grafschaft Galloway) Vorsteher von 3000 Mönchen. Er wurde im Jahre 484 geboren und besuchte zunächst die Schule des weitbekannten Bischofs ERCH. Neben den üblichen Fächern erfuhr er wichtige Grundlagen der Mathematik und vor allem der Astronomie. Schon mit 26 Jahren war BRENDAN wegen seiner Gelehrtheit weithin berühmt. Ihm schlossen sich viele Schüler an. Ein Mönch namens FION BAR erzählte ihm eines Tages von einer eigenartigen Insel im Nordmeer, und BRENDAN wollte sie voller Tatendrang auffinden. Zahlreiche Anhänger beschlossen, mit ihm gemeinsam die Reise zu wagen, nicht zuletzt, um damit auch zur Ausbreitung ihrer Religion beizutragen. „Das kleine Schiff bauten sie in einer Bucht, die heute noch Brandans-Bucht genannt wird. Das Schiff wurde aus starken Weidenruten erbaut und mit Rinderhäuten überzogen. Das Weidenflechtwerk überzogen sie mit eichengegerbter Rinderhaut, welche sie mit Hilfe von Butter weich und wasserdicht gemacht hatten [es war wohl von den Schafen gewonnenes Fett, d. Verf.]. Außerdem nahmen sie zwei große Rinderhäute und genügend Fett mit, um eventuelle Schiffsschäden beheben zu können. Hierauf dichteten sie das umzogene Schiff mit Teer und Harz. Über die Segel weiß man nichts Genaues. Es ist aber wahrscheinlich, daß man nur einen Mast mit einem an ihm befestigten Segel hatte, welches nur wenig nützte. An Rudern hatte man wohl sechs oder acht Paare von ähnlicher Art, wie sie heute noch in Westirland angewandt werden. Außerdem hatte man Kochgeräte, Wasser, Mehl, getrockneten Fisch, Anker und Ankertau, Harpunen, andere Geräte und Waffen mit sich, begab man sich doch auf eine Seefahrt, von der niemand wußte, wohin sie führte und wie lange sie dauern würde ... Eines Morgens an einem Herbsttag des Jahres 545 stießen sie von Land ab" (KRENN 1950, S. 208).

Nun wird der Leser berechtigt fragen, wie uns denn diese und die nachfolgenden Details dieser Fahrt bekanntgeworden sind. Die oben erwähnte Navigationsschrift entstand aus zunächst mündlich überlieferten Berichten zwischen 800 und 1000 u. Z. Von ihr sind heute mehr als 120 verschiedene Fassungen bekannt, darunter zahlreiche, die man schlicht als Märchenbücher bezeichnen kann.

BRENDANS bekanntestes Erlebnis, welches zum Beispiel auch auf der Karte des PIRI REIS von 1513 (HERTEL 1985) dargestellt ist, war der folgende „Landfall": „Die nächste Insel war steinig und ohne Gras. Mit Leinen mußten die Mönche das Boot am Ufer befestigen. Sie entzündeten ein Feuer, um etwas von dem Fleisch zu kochen ..., als das Wasser im Topf zu brodeln begann, rüttelte und schüttelte sich die ganze Insel, und die Mönche stürzten in Panik zurück in ihr Boot. Sie beobachteten, wie die Insel sich fortbewegte, während das Feuer noch brannte, und Brendan erzählte ihnen, daß diese ‚Insel' der größte Fisch des Meeres sei, Jasconius genannt" (SEVERIN 1979, S. 290). Es ist auch keine Seemannsart, „auf dem Fisch zu kochen", denn schließlich gehört der Fisch in den Topf! Daß BRENDAN noch nicht wußte, daß der Wal kein Fisch ist, sei nur für den kritischen Leser noch ergänzt. Wo und ob sich dieser „Unfall" überhaupt ereignet hat, läßt sich heute nicht mehr feststellen. Man sollte auch daran denken, daß bei derartig spektakulären Reisen die Phantasie immer mit an Bord ist – die Gegenwart beweist jedenfalls auch nicht das Gegenteil. Schließlich soll der Leser die Spannung vermittelt bekommen, die die Fahrensleute an Bord erleben konnten. Also verzeihen wir die Übertreibungen und halten die Augen offen, um das eine vom anderen zu trennen.

Erst durch den Nachvollzug dieser Reise auf fast der gleichen Route gelang es TIM SEVERIN, einige Orte, die BRENDAN beschrieben hatte, ihrer Mystik zu entkleiden und bestimmten geographischen Gegebenheiten zuzuordnen (vgl. Abb. 6). Nach den alten Berichten gelangten BRENDAN und seine Crew zunächst völlig erschöpft und schon tagelang ohne Trinkwasser auf die Insel Sankt Kilda. Da bei dieser Seefahrt Südwind vorherrschend war, kamen die Männer immer weiter nach Norden, zu Inseln, auf deren Hängen viele Schafe weideten. Es waren die Färöer, zu denen auch das Paradies der Vögel (Myggen „s oder Vag") gehören. Aus den Berichten geht hervor, daß BRENDAN Ostern 546 hier weilte. Er hatte demnach seine große Fahrt in mehreren Etappen durchgeführt, was selbst bei SEVERINS Fahrt erforderlich wurde. Da BRENDAN astronomisch informiert war, ist anzunehmen, daß er den Stand der Sonne und der Sterne am Himmel für die Wahl seines Kurses nutzte. Allerdings sollte hier nicht zu viel hineininterpretiert werden. Brendan wollte die sagenhaften „Insulas fortunatae", die Inseln des Glücks, finden. Seine tiefe Religiosität hat ihn nie verzagen lassen, und nur so war es ihm möglich, diese Fahrt im Nordatlantik zu überstehen. Er vertraute auf Gott und seine Berufung, und so ist seine Fahrstrecke auch eine Odyssee – doch sie ließ ihn letztlich zum frühen Entdecker Amerikas werden. In der Breite von Island, dem nächsten Ziel, sahen die Männer etwas, was sie bisher noch nicht kannten: „Drei Tage später schlief der Wind ein, und die See war so ruhig und still, als sei sie geronnen ... An einem anderen Tag sahen sie einen Pfeiler in der See. Er schien nahe bei, aber sie benötigten drei Tage, um ihn zu erreichen. Er war so hoch, daß Brendan nicht die Spitze sehen konnte, und ein weitmaschiges Netz umgab ihn: Das Boot paßte durch die Öffnung des Netzes, das von silberner Farbe und härter als Marmor war, während der Pfeiler selber aus hellem Kristall bestand" (Severin 1979, S 239 f.). Ja, sie hatten ihre erste Begegnung mit Packeis und Eisbergen, unvorstellbar, dies zu verstehen, wenn man keine Informationen über derartige Naturschauspiele vorher hatte. Wieder trieben sie im Nordatlantik westwärts und gelangten beinahe an die grönländische Ostküste, doch dann drehte sich der Wind, und sie wurden zurück nach Island getrieben. Die Erlebnisse mit dem Vulkan Hekla haben in den Mönchen einen tiefen Eindruck hinterlassen. Sie kamen „... zu einem felsigen, rauhen Eiland voller Vulkanasche und glühender Krater ... der Wind blies geradewegs darauf zu, und sie hörten den Lärm von Blasebälgen und den Donner von Hammer und Amboß ... Es sah aus, als stehe die ganze Insel in Flammen. Die See kochte, die Luft war voller Gebrüll, und als sie die Insel schon nicht mehr sehen konnten, erreichte sie noch ein häßlicher Gestank. Brendan meinte, daß sie den Eingang zur Hölle passiert hatten" (Severin 1979, S. 296).

„Da sah Sanct Brandan aus einem Berg einen Fluß rinnen, der war heiß und wallet gar fast und brannte sehr. Und da ging an der anderen Seiten ein kalter Wind, und ein Wasser, daß nie ein Wasser kälter war. Und war ein groß Geschrei darinnen in dem Berg. Da verstund Sanct Brandan wohl, daß da auch ein Fegefeuer war. Und da sahen sie aus des Steines Wänden feurige Vögel fliegen. Sie hörten auch in dem Berg Geschrei allerhand Zungen, das war nichts anders dann ach und weh", lautet die gleiche Beschreibung in einem Volksbuch von 1927 (Benz S. 45 f.).

Diese irdische Hölle ließen sie so schnell es ging hinter sich und gelangten zur Insel des heiligen Paul (vermutlich Rockall), benannt nach einem angeblich 140jährigen Einsiedler, den die Männer dort fanden. Dann schlugen sie Südwestkurs ein und segelten mehr als vierzig Tage in diese Richtung, wobei sie in starken Nebel gerieten. „Da sagte der Kundigste unter ihnen, daß sich gerade der Nebel um dieses Land lege, nach dem sie schon viele Jahre lang gesucht hatten. Als sich aber der Nebel hob und die Strahlen der Sonne wieder herniederdringen konnten, sahen sie vor sich

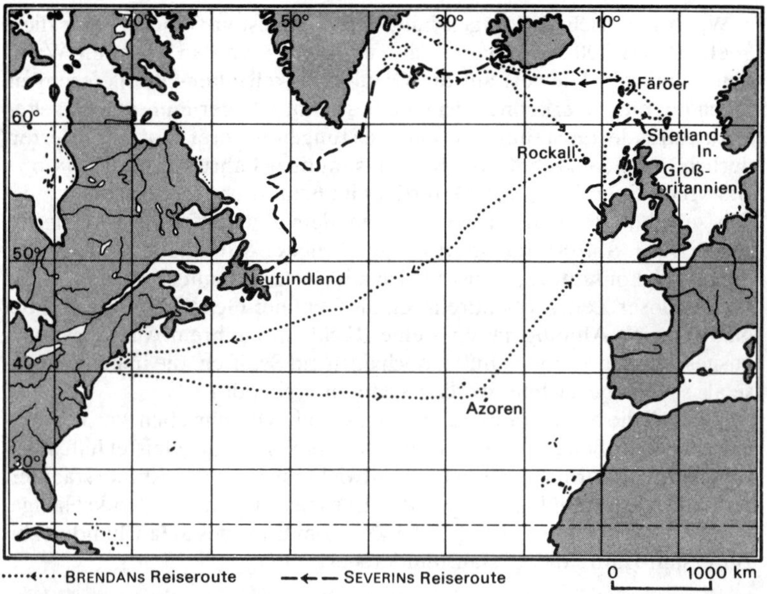

Abbildung 6
Die Reiseroute des BRENDAN (nach KRENN 1950) und die Fahrstrecke von TIMOTHY SEVERIN im Jahre 1979. Ob BRENDAN zunächst von der Ostküste Grönlands wieder soweit östlich fuhr, daß er beinahe „zu Haus" war und schließlich weit südlich von Neufundland Amerika erreichte, ist dem Autor zweifelhaft. Die Wiederholung der Reise bestätigt diesen Kurs ebenfalls nicht.

ein schönes Land mit Bäumen verschiedenster Art und guten Früchten in ausgezeichnetem Klima" (KRENN 1950, S. 210). Das Land war mit großer Wahrscheinlichkeit Nordamerika.

Im Nachvollzug gelangte SEVERIN vor der grönländischen Küste ebenfalls in große Schwierigkeiten. In eisiger Kälte, alle Bekleidungsstücke waren fest gefroren, kämpften die Männer gegen den Sturm, die Eisberge und vor allem um ihr Boot und damit ihr Leben. Wie die Karte zeigt, fuhren sie mehrfach mit entgegengesetztem Kurs, weil der Wind und die Strömung sich häufig änderten. Es war genau die Stelle, an der BRENDAN zurück nach Island getrieben wurde. Bei seinen zahlreichen Landfällen stieß BRENDAN oft auf Eingeborene, die ihm die weitere Richtung wiesen.

Wenn man bei BRENDANS Hinreise noch von den oben genannten Zufällen und seinem festen Mut ausgehen kann, so wird seine Rückreise nach Irland zu einem navigatorischen Gesellenstück. KRENN geht ebenfalls von einer Orientierung nach den Sternen aus, doch die Verwendung eines kompaßähnlichen Instrumentes, die er postuliert, scheint im 5. Jahrhundert keinesfalls beweisbar.

Wenn man sich vor Augen hält, daß die ältesten Berichte über diese Seefahrt erst 300 Jahre danach aufgeschrieben wurden, so ist ihr Wahrheitsgehalt ein Hinweis auf die Glaubhaftigkeit alter Überlieferungen. Doch um dies zu erkennen, ist eine bestimmte, leider immer noch selten anzutreffende Einstellung zu den Leistungen unserer Vorfahren erforderlich. Fünf Jahrzehnte vor SEVERINS mutiger Fahrt schrieb HENNIG zu BRENDANS Seereise: „Daß Derartiges im 6. Jahrhundert noch nicht möglich sein konnte, wird ja wohl Niemandem zweifelhaft sein" (HENNIG 1956, Bd. 3, S. 468). Im Angriff gegen KRENNS Auffassung wird HENNIG dann noch konkreter: „... möchte ich mit Entschiedenheit betonen, daß in kompaßloser Zeit, – obendrein seitens frommer Geistlicher, die von der Nautik keine Ahnung hatten – eine Rückkehr zu ihrem Ausgangspunkt ausgeschlossen bleiben mußte, noch dazu auf Schiffen, die in keiner Weise als seefest bezeichnet werden konnten" (ebenda).

Nun soll die Navigationstechnik eines Volkes beschrieben werden, welches einen großen Beitrag zu ihrer Vervollkommnung geleistet hat. Während in Mitteleuropa zunächst die Entwicklung nach der Antike stagnierte, waren es die Wikinger im Norden Europas, die entscheidende Navigationsfortschritte und -erfolge in der Zeit vom Ende des 8. Jahrhunderts bis zur ersten Hälfte des 11. Jahrhunderts erzielten.

Wikinger navigieren im Nordatlantik

Die berühmt gewordenen Wikingerzüge führten alle über das Meer. Stammesfürsten organisierten große Flottenüberfälle, wie zum Beispiel auf das fränkische Reich, England und Kurland, während von reichen Bauern und Kaufleuten veranstaltete Kauffahrten oftmals der Piraterie dienten. Vor dem Jahre 839 führten die Routen bereits bis nach Osteuropa, die Kiewer Rus, Byzanz und Bagdad.

Der bekannteste Wasserweg der Wikinger führte über den Finnischen Meerbusen, den Ladogasee, den Ilmensee und den oberen Dnepr bis zum Schwarzen Meer. Ein weiterer führte vom Ladogasee zur oberen Wolga und wolgaabwärts zum Kaspischen Meer. An einigen Stellen mußten die Boote auch über Land transportiert werden. Ende des 10. Jahrhunderts erkundeten Bauern auf ihren zahlreichen Fahrten große Inseln und Landstriche am Polarkreis (vgl. auch Abb. 7).

Dieses Volk ist uns heute nicht nur durch zahlreiche archäologische Funde bekannt (es gibt gut erhaltene Schiffe), sondern vor allem durch schriftliche Überlieferungen, wie Runeninschriften, skaldische und eddische Dichtung sowie zahlreiche Prosatexte. Es ist das Verdienst von UWE SCHNALL, der in einer Monographie bedeutende Erkenntnisse zur Navigation der Wikinger publiziert hat, daß diese einer breiten Öffentlichkeit bekannt wurden.

Um die Frage zu beantworten, wie die Wikinger nun durch Nacht und Nebel ihre Schiffe in den Zielhafen brachten, kommt man um eine genaue

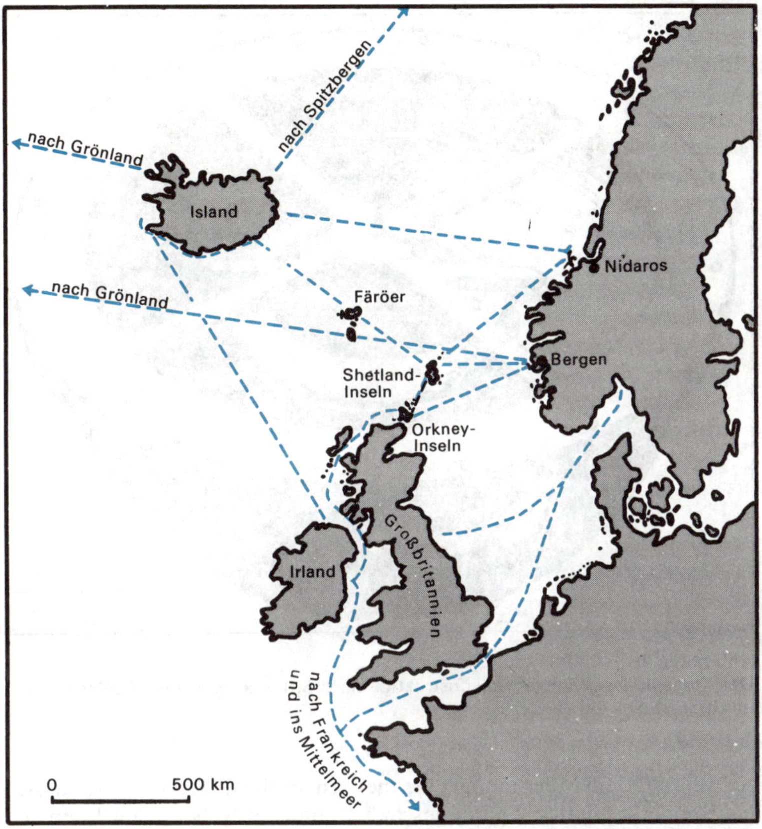

Abbildung 7
Einige Reiserouten der Wikinger

Analyse der damaligen Gegebenheiten nicht herum. Vom Vater auf den Sohn weitergegebene und immer wieder durch neue Erkenntnisse berichtigte Erfahrungen spielten eine wichtige Rolle. Informationen über Segelrouten, Küstenformen, vorherrschende Winde und Strömungen waren unentbehrlich. In zunächst fremden Seegebieten nahm man einen Ortskundigen, also einen Lotsen, an Bord und konnte somit auf Grund seiner Erfahrungen weiterfahren. Ein solches Beispiel findet man in der Laxdœla s. an der Stelle (nach SCHNALL 1975, S. 47), wo ÓLÀFR PÀI von Norwegen nach Irland fährt. Mit an Bord ist der ortskundige QRN: „Sie hatten während des Sommers keinen guten Fahrtwind; sie hatten dichte Nebel und nur schwache oder widrige Winde, wenn es überhaupt wehte; es trieb

Abbildung 8
Der Kompaß der Wikinger (Rekonstruktion nach SOLVER), genannt „Leidarsteinn" (nach SCHNALL 1975)

sie weit auf dem Meer umher; die meisten an Bord meinten, daß sie sich auf See verirrt hätten. Später geschah es, daß der Nebel sich lichtete und Winde sich erhoben; da hißte man das Segel. Man begann nun darüber zu reden, in welcher Richtung Irland zu suchen sei, und die Männer konnten sich darüber nicht einigen. Qrn stand auf der einen Seite, der größte Teil der Männer aber war anderer Meinung, und sie sagten, Qrn habe sich völlig verirrt und nun müßten diejenigen bestimmen, die in der Mehrzahl seien. Schließlich wurde die Entscheidung Óláfrs eingeholt, aber Óláfr sprach: – Ich will, daß die bestimmen, die verständiger sind; denn um so schlechter wird uns der Rat törichter Männer taugen, wenn ihrer mehr zusammenkommen. – Damit schien es entschieden, als Óláfr so sprach, und Qrn bestimmte von da an den Kurs."

Schiff und Besatzung kamen glücklich nach Irland und haben uns mit der Aufzeichnung dieser Entscheidungsfindung auch ein Stück Geschichte der Leitungstätigkeit hinterlassen! Nun gab es auch bei den Wikingern eine Reihe von Navigationshilfsmitteln, die, entsprechend eingesetzt, wesentlichen Anteil an der Kursfindung hatten. Durch Ausgrabungen in Dorestad (Niederlande) konnte die Verwendung des Senkbleis archäologisch nachgewiesen werden. Die Bezeichnung der Wikinger dafür ist jedoch unbekannt. Mit Sicherheit wurden in Landnähe auch Peilstangen eingesetzt, die im einfachsten Falle das Ruder bzw. der Riemen waren. Für die Küstenschiffahrt waren natürliche und künstliche Hafenzeichen (hafnarmark) und Seezeichen in Kreuzform (hafnarkross) bekannt. Hierzu dienten nicht nur exponierte Bäume oder Bergspitzen, sondern auch bronzezeitliche Grabhügel und später Kirchtürme. Sicher beschränkte sich die Verwendung dieser Seezeichen nicht nur auf einfaches Peilen, sondern es wurde, wie heute teilweise noch von den Fischern der Usedomer Küste, auch die scheinbare gegenseitige Verschiebung naher und ferner liegender Zeichen zur Orientierung verwendet (Deckpeilung). So „wandert" der Kirchturm eines an der Küste liegenden Ortes beim Vorüberfahren beispielsweise durch die näher stehenden Bäume.

Segelanweisungen im geläufigen Sinne sind von den frühen Wikingern nicht bekannt, doch schreibt SCHNALL (1975, S. 57) dazu: „Wenn der Vater dem Sohne sagen konnte, wenn du so und so viele Tage in die und die Richtung ruderst oder segelst, dann triffst du auf das und das Zeichen – so war damit die erste ‚Segelanweisung' geschaffen."

Wesentlich komplizierter wurde, auch bei den Wikingern, die Navigation auf hoher See, ohne Landsicht zu haben. Zwischen den Jahren 870 und 1300 wurde der Leidarsteinn, ein Magnetstein mit nordweisenden Eigenschaften, bekannt und angewandt (vgl. Abb. 8). Das war aber sicher nicht ausreichend, und SCHNALL postuliert eine astronomische Navigation. Als Belege dafür sieht er an, daß die Breitenmessung an Land bekannt war, daß es eine, wenn auch zweifelhafte, Beschreibung einer Breitenmessung auf See gibt und von einzelnen Personen außergewöhnliche Kenntnisse der Sonnendeklination (hneigink) überliefert sind. Schließlich sei an die Bedeutung des Polarsternes in der altnordischen Literatur erinnert. Wie die Geschichte von FLÔKIS Raben zeigt, war den Wikingern auch die „Vogelnavigation" nicht unbekannt.

1948 wurde bei Grabungen im Ūnarteq-Fjord (Grönland) die Hälfte einer Eichenholzscheibe von 7 cm Durchmesser gefunden. Sie weist in der Mitte ein 1,8 cm großes Loch auf, und in den Rand sind Markierungen eingekerbt. Ob das Gerät nach dem Anbringen eines Schattenstäbchens als Kompaß verwendet wurde, ist unklar. Es gibt 32 ungleiche Richtungskerben, und zur Nutzung des Gerätes waren Amplitudentabellen und Kalender nötig. Möglicherweise war es hier zu einer Überbewertung des Fundes gekommen, den selbst SCHNALL hält es eher für einen Butterstampfer oder eine Spinnwirtel (vgl. Abb. 9).

Auf welche einfache Weise oft in der Vergangenheit Daten gewonnen wurden, zeigt das Beispiel der Wikinger-Sonnenbordplanke (sólbord). Sie diente zur Ermittlung der Sonnenhöhe durch die Schattenlänge und stellte eine gekerbte oder gelochte obere Bordplanke dar.

Das Sonnenschattenbrett entspricht dem antiken Gnomon und wurde zur exakteren Bestimmung der Breite eingesetzt. Es bestand aus Kreisen

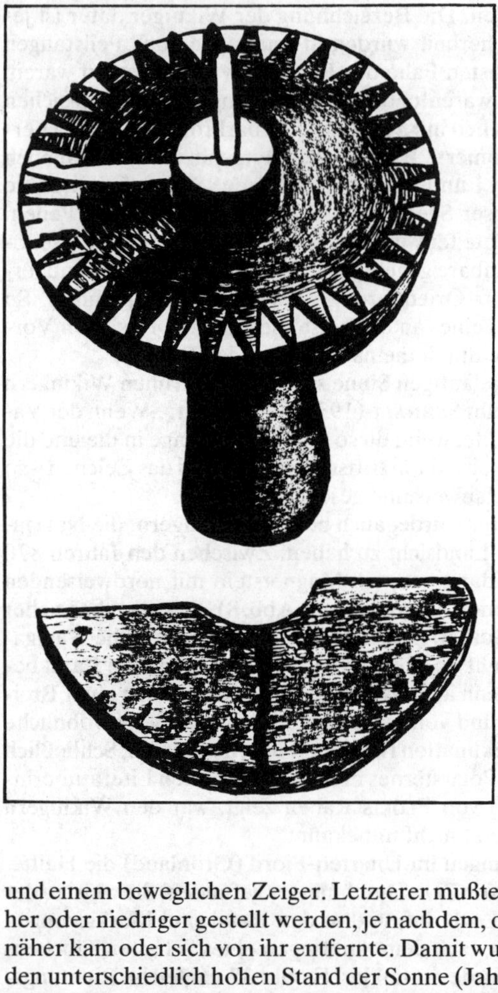

Abbildung 9
Nach dem gefundenen Bruchstück im unteren Teil der Abbildung wurde die angebliche Peilscheibe der Wikinger rekonstruiert (nach SCHNALL 1975)

und einem beweglichen Zeiger. Letzterer mußte an jedem dritten Tag höher oder niedriger gestellt werden, je nachdem, ob man der Sonnenwende näher kam oder sich von ihr entfernte. Damit wurde der Fehler, der durch den unterschiedlich hohen Stand der Sonne (Jahreszeiten) entsteht, kompensiert. Das Brett ließ man, um eine waagerechte Lage zu erreichen, in einem Bottich mit Wasser schwimmen, den ein Besatzungsmitglied, das nicht mit den Händen zitterte, so ruhig wie möglich halten mußte.

Zur groben Bestimmung der Sonnenrichtung bei trüben Wetter wurde der Sólarsteinn, eine Kalkspatvarietät, verwendet, die als Polarisationsfilter diente. Doch sei nicht verschwiegen, daß diese Beobachtung mit dem Sólarsteinn umstritten ist. Sie setzt neben dem geeigneten Material vor allem eine enorme Beobachtungsgabe des Piloten voraus. „Bei bezogenem Himmel gebrauchten die Wikinger einen Sólarsteinn (Sonnenstein), ein Stück Kalkspat. Wenn dieser senkrecht in die Luft gehalten wird, fängt er das polarisierte Licht auf, wodurch es möglich ist, den Stand der Sonne am Himmel festzustellen", zitiert SCHNALL (1975, S.92) von BARFOED. Bereits PLINIUS kannte einen Sonnenstein. Heute ist es die exakte Bezeichnung für eine Kalkspatvarietät, bei der sich auf weißem oder gelblich-rosa Hintergrund ein rötlicher Schimmer beobachten läßt, welcher durch Hämatiteinschlüsse hervorgerufen wird. Davon gibt es in Norwegen heute noch Lagerstätten. Dennoch findet man, laut SCHNALL, keine überzeugenden Anhaltspunkte für die Verwendung des Sonnensteins zur Navigation. Dies sollte auf Grund zahlreicher anderslautender Publikationen betont werden. Die Ursache hierfür ist sicher in dem zu geringen sichtbaren Effekt zu suchen. Bei wolkenverhangenem Himmel ist der Polarisationseffekt nach dem Durchtritt durch einen Sonnenstein, für unser Auge zumindest, kaum feststellbar. „Die astronomische Navigation der Wikinger war demnach", schreibt SCHNALL (1975, S. 182), „ein zusätzliches Mittel der Kursfindung, das die auf die Hochseepraxis übertragene Küstennavigation unterstützte, sie aber nicht ersetzte."

Etwa ab dem 13. Jahrhundert kamen Segelanweisungen, so etwa die Berichte des ÓTTARR und WULFSTAN, aber auch ADAM VON BREMENS Beschreibung der Reiseroute nach Akkon, in Gebrauch. Wie eng auch hier die Küstennavigation eingebunden ist, zeigt das folgende Beispiel: „Von Hernar in Norwegen soll man rechtswest nach Hvarf auf Grönland segeln, und dabei wird soweit nördlich der Shetlands gesegelt, daß diese nur dann eben zu sehen sind, wenn die Sicht sehr gut ist, und soweit südlich der Färöer, daß die See bis zur Mitte der Berge reicht, und soweit südlich Islands, daß man von dort Vögel und Wale bemerkt" (SCHNALL 1975, S. 183). Natürliche Gegebenheiten halfen in umfangreichem Maße den Piloten der Wikinger.

Die hier aufgezeigten Geräte und Verfahren sollen keinesfalls zu dem Schluß führen, daß die Wikinger eine perfekte Navigation durchführen konnten. Um genau den Heimathafen zu erreichen, war häufig noch eine längere Fahrt am heimatlichen Ufer erforderlich. Darauf deuten die Berichte hin, in denen extra vermerkt wurde, wenn die Seeleute auf Anhieb nach Hause kamen. Doch waren die Navigationsmethoden der Wikinger im großen und ganzen ausreichend, um ihre Aufgaben des Handels und der Kriegsführung zu erfüllen und ihnen schließlich den Ruhm als bekanntestes seefahrendes Volk des Nordens einzubringen.

Vom Ende der Wikingerzeit bis zur Entdeckung Amerikas, dem Jahrhundert, in dem auch dieser Streifzug durch die Geschichte der frühen Navigation enden soll, bleiben nur noch etwa 450 Jahre. Es war die Zeit des, von heute aus gesehen, finsteren Mittelalters – eine ungerechtfertigte Einschätzung, wie unter anderem auch GURJEWITSCH (1978, S.9) feststellt: „Wie viele verzerrte Vorstellungen und Vorurteile sind mit dieser Epoche verbunden! Der Begriff ‚Mittelalter' ... hat auch bis zum heutigen Tage diesen negativen Inhalt nicht verloren ... Es darf nicht vergessen werden, daß gerade im Mittelalter die europäischen Nationen geboren wurden, die modernen Staaten sich herausbildeten und die Sprachen sich formten, in denen wir bis heute sprechen. Mehr noch, viele kulturelle Werte, die unserer Zivilisation zugrunde liegen, haben im Mittelalter ihren Ursprung."

Aus dem Norwegen dieser Zeit gibt es eine umfassende Darstellung des Lebens, niedergelegt im „Königsspiegel" (MEISSNER 1978). Da die Menschen naturgemäß sehr mit dem Meer verbunden waren, enthält dieses Buch auch zahlreiche Angaben zur Seefahrt. Es entstand vermutlich im 13. Jahrhundert. In Dialogen zwischen einem Vater und seinem Sohn werden zahlreiche Probleme erörtert, die eine Charakterisierung der navigatorischen Möglichkeiten gestatten. Die interessanten Angaben beginnen mit einer Frage des Sohnes, der wohl gern Seemann werden möchte (ebenda, S. 39): „Da ich nun grade das auf der Zunge habe, was sich vor allem auf den Beruf der Seefahrer bezieht, so meine ich, daß diese Dinge von ihnen wohl mit Nutzen zur Kenntnis genommen werden, ihren Kurs mit Einsicht zu bestimmen." Der Vater erklärt ihm Ebbe und Flut, die Bewegung des Mondes und der Sonne. „Ich sage dir, wie viele Stunden in den beiden Tageshälften sind, und gab dir vierundzwanzig an, ferner bestimmte ich dir die Länge jeder Stunde durch den Hinweis, daß drei Stunden vergehen, während die Sonne einen Horizontabschnitt durchwandert. Nun gibt es noch andere kleine Zeitabschnitte, Ostenta genannt, von denen sechzig eine jener Stunden ausmachen, die ich eben erwähnte. Es scheint mir nun am wahrscheinlichsten, daß, so nördlich wie wir uns befinden, die Sonne um fünf dieser kleinen Zeitabschnitte während des Tages und um soviel weniger als sechs zunimmt, als man ein Zwölftel von diesem kleinen Zeitabschnitt abzieht. Und das scheint mir am wahrscheinlichsten über die Erstarkung der Sonne, daß sie wächst drei Viertel von diesen Zeitabschnitten nach Osten und nach Westen, und um ein Viertel zur Höhe des Himmels aufsteigt. Diese Beobachtung mag südlich von uns irrig sein, denn nördlich von uns nimmt die Sonne schneller zu und südlich langsamer, als ich eben angegeben habe, und der Unterschied wird umso größer, je südlicher man kommt." Es folgen dann noch Hinweise auf den rechten Zeitpunkt für den Beginn einer längeren Seereise: „Wer aber eine Fahrt mit größeren Schwierigkeiten zu unternehmen hat, entweder auf einem großen Meere voller Strömungen oder, wenn er vor dem Steven Länder zu erwarten hat, wo sich gefährliche Häfen befinden wegen der Schären oder blinden Klippen oder Untiefen oder großer Sandbänke, da ist allerdings die Lage so, daß man große Vorsorge haben muß, und nicht darf man zu spät die Fahrt über solche Meere von Land zu Land wagen. Wenn du nun dich nach (bestimmten) Zeiten erkundigst, da halte ich es für das richtigste, daß man kaum später wagen soll über die Meere zu fahren, als wenn der Oktober anfängt, denn um diese Zeit beginnen die Meere schon sehr unruhig zu werden, und von da ab beginnt die Windstärke ständig zu wachsen, je später es im Herbst ist und je mehr es sich dem Winter nähert" (ebenda, S. 87).

In diesen Textausschnitten wird neben den Informationen recht deutlich, nach welchem Prinzip die Erfahrungen gewonnen wurden, nämlich durch die Weitergabe von Wissen vom Älteren an den Jüngeren. Es ist wohl die älteste Form der Schule und zugleich diejenige, die es auch ohne Schreibkenntnisse ermöglichte, die Verlustrate gering zu halten. Auf jeden Schüler (Sohn) kam beinahe ein Lehrer (Vater). Durch dieses Verfahren, das natürlich in der Gegenwart nicht mehr zu praktizieren ist und durch die schriftliche Wissensspeicherung auch fast überflüssig wurde, war es möglich, die besten Erfahrungswerte jedes Einzelnen weiterzugeben.

Ein entsprechendes Instrumentarium für die Navigation wurde über viele Jahrhunderte nach und nach entwickelt, um die „Zeichen der Natur" (Stand der Sonne und der Sterne und anderes mehr) besser nutzen zu können. Nur dadurch war es, zumindest für die europäische Seefahrt, möglich, längere Fahrten zu unternehmen, um fremde Länder zu erkunden. Besonders seit dem Mittelalter erforderte die Beherrschung der Navigationsmethoden und -instrumente eine umfangreiche und fundierte navigatorische Ausbildung. Einer navigatorischen Meisterleistung, der Entdeckung Westindiens im Jahre 1492, ist ein besonderes Kapitel in diesem Buch gewidmet.

Mehr Sicherheit durch technische Hilfsmittel – der Weg zur modernen Seefahrt

Vom Südweiser zum Schiffskompaß

Die Geschichte des Magnetkompasses begann in einem Land, das auf dem Gebiet der technischen Entwicklungen gegenüber der europäischen Zivilisation weit vorangeschritten war: *China*. Dort erfanden die Menschen nicht nur die Seide, das Porzellan, das Schwarzpulver, das Papier und die Buchdruckerkunst – um all die Erfolge und Mißerfolge dieser Erfindungen aufzeichnen zu können – sondern, dort wurden auch die ersten Erkenntnisse über magnetische Eigenschaften des Eisens und seine Anwendung zur Bestimmung der Himmelsrichtung gewonnen.

In zahlreichen Geschichtswerken über die Chinesen liest man sehr frühe Daten für bestimmte Erfindungen. So soll der Kompaß erstmalig in der chinesischen Chronik „Poeiwenyun" genannt werden, die aus der Zeit des Kaisers Hoang-Ti (um 2600 v. u. Z.!) stammt. Das Gerät wird darin als Andeuter des Südens „Sse-nan" bezeichnet. Die nächste Erwähnung stammt aus dem Jahr 1160 v. u. Z., in der Schrift „T'oung-Pao" wird wiederum ein Südweiser beschrieben. Aus einem Kasten, der bei gutem Wetter auf ein genau waagerecht zwischen der Deichsel eines Karrens liegendes Brett gestellt wird, ragt ein Stift empor, auf dem sich eine männliche Figur befindet. Diese hält den rechten, stets nach Süden weisenden Arm ausgestreckt (vgl. Abb. 10).

In der Erforschung der menschlichen Vergangenheit gibt es tatsächlich die Erfahrung, daß mit zunehmendem Wissensstand sich beinahe alle Geschehnisse immer „früher" ereignet haben. Es sei hier nur an die Erfindung der galvanischen Batterie (benannt nach Luigi Galvani, 1737-1798) erinnert. Bis vor wenigen Jahrzehnten zweifelte niemand daran, daß Galvani als erster die Erzeugung von Strom auf chemischem Wege erkannte und ihn nutzbringend einsetzte. Doch dann fand der österreichische Archäologe W. König (1938) in Gräbern des Partherreiches (um 520-238 v. u. Z.) in Khujut Rabu'a, auf dem Gebiet des heutigen Iran „Tonvasen", in denen Metallzylinder steckten. Diese entpuppten sich bei

Abbildung 10
„Sse-nan" - der chinesischen Südweiser (nach SCHÜCK 1910) Angeblich soll er die chinesische Verwendung der Kompaßnadel um 2600 v.u.Z. (!) beweisen, er beruht jedoch auf einem mechanischen Prinzip und ist wesentlich jünger.

späteren Untersuchungen als galvanische Elemente, die bereits vor 2000 Jahren Strom erzeugten. Aller Wahrscheinlichkeit nach wurden mit diesem Strom Galvanisierungen vorgenommen, deren Ergebnis noch in verschiedenen Museen zu betrachten ist. Schmuckgegenstände sind dort mit einer hauchdünnen Edelmetallschicht überzogen worden, die so dünn ist, daß sie nicht mechanisch, wie zum Beispiel Blattgold, aufgelegt worden sein kann (vgl. Abb. 11).

Oder war bisher bekannt, daß die von Europäern entworfenen Seismographen erst im 19. Jahrhundert (CACCIATORE in Italien, verbessert durch LEPSIUS) erprobt wurden? Das Grundprinzip besteht darin, daß eine leicht beweglich aufgehängte schwere Masse, die bei einer Erschütterung des Gehäuses zunächst in Ruhe verharrt, bei einem Erdbeben die Bewegungsdifferenz zwischen Gehäuse und Ruhemasse registrierbar macht. Wie wir heute wissen, stammt jedoch der erste Seismograph von dem chinesischen Techniker TSCHANG HENG, der von 78 bis 139 u. Z. lebte. Am oberen Rand eines runden Topfes befanden sich acht Drachenmäuler, in denen Kugeln lagen. Jeweils darunter, außerhalb des Topfes, saßen acht

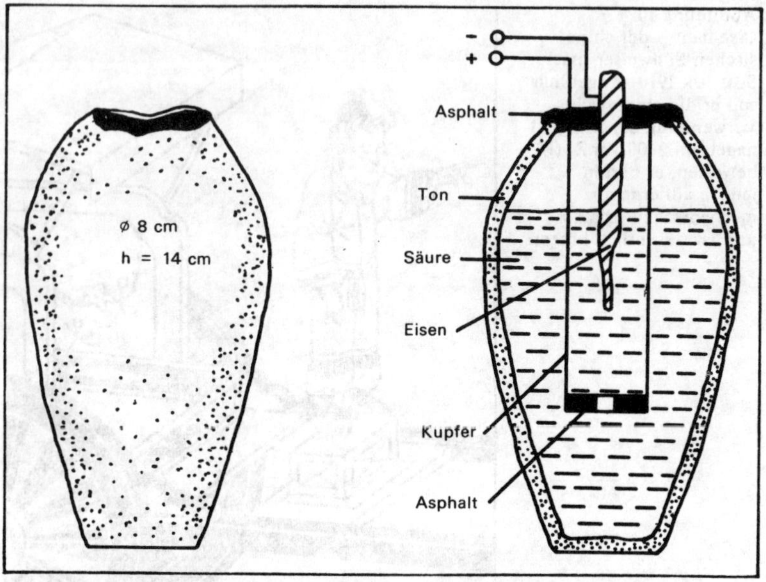

Abbildung 11
Die ersten galvanischen Elemente sind über 2000 Jahre alt und vermitteln einen Eindruck von der Erfindergabe und dem Ideenreichtum der vergangenen Generationen (nach KÖNIG 1938)

Frösche mit aufgesperrtem Maul. Die Drachenmäuler waren über ein raffiniertes System von Hebeln mit der schweren Masse im Topfinneren verbunden. Kam es zu einem Erdbeben und damit zur geschilderten Bewegungsdifferenz zwischen Masse und Topf, so öffnete sich das Maul des Drachen, aus dessen Richtung die Erdbebenwelle kam. Die Kugel fiel in das Maul des Frosches und zeigte so dem Besitzer des Apparates das Beben an (vgl. Abb. 12). Ein registrierendes Meßinstrument vor über 1800 Jahren - wer hätte das gedacht!

Doch sind diese frühen und erfolgreichen Erfindungen die Ausnahme. Die chinesische Geschichte der Erfindungen und Entdeckungen beweist nämlich das Gegenteil. Es war zudem kein Charakterzug, der nur den chinesischen Herrschern eigen war. Wir wissen vom Volk der Mayas (klassisches Reich von etwa 300 bis 900 im Süden der Halbinsel Yucatán), daß sie den Beginn ihres Kalenders auf den 11. August des Jahres 3114 v. u. Z. legten! Eine Zeit, in der es noch nicht einmal die direkten Vorfahren der Mayas, die Olmeken, gab! Sie taten dies aus dem gleichen Grunde wie die Chinesen. Es war wohl die Eitelkeit der Herrscher, mit Hilfe von Maßnahmen, die uns heute recht eigenwillig erscheinen, die Geschichte ihres

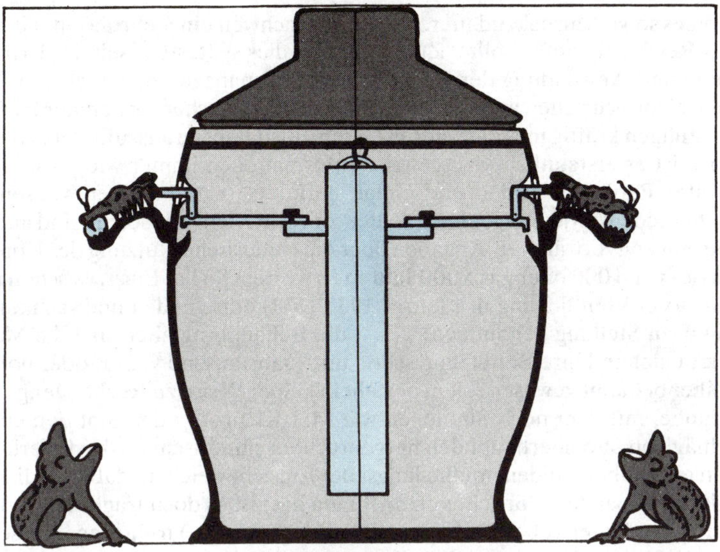

Abbildung 12
Chinesischer Erfindergeist schuf bereits im 2. Jahrhundert u.Z. den ersten funktionierenden Seismographen. Bei einem Erdbeben fiel die Kugel in die Richtung, aus der die Bebenwelle kam und gelangte somit in das entsprechende Froschmaul. Es handelt sich hier um ein registrierendes Meßinstrument (nach IMAMURA 1939).

Volkes soweit zurückzudatieren, daß die Nachwelt ein mehrtausendjähriges Reich annehmen sollte. Zum Glück ist dies spätestens seit der Erfindung und Anwendung der Buchdruckerkunst nahezu unmöglich geworden. Natürlich helfen auch die Archäologen und Forscher verwandter Fachrichtungen kräftig mit, die wahren Geschichtsdaten herauszufinden. Dennoch ist es erstaunlich, daß gewisse Informationen immer wieder so ein breites Publikum finden und einige Autoren, trotz besseren Wissens, nicht müde werden, sagenhafte Daten zu verbreiten. Als solche sind auch die eingangs erwähnten Angaben über die chinesische Nutzung des Kompasses vor 4000 oder gar 5000 Jahren zu werten. So hat LIPPMAN schon in einer Veröffentlichung des Jahres 1932 (S. 3) entschieden und sachkundig dazu Stellung genommen: „. . . die Behauptung aber, daß die Magnetnadel und ihre Benutzung schon im 2. Jahrtausend v. Chr. oder noch früher bekannt gewesen seien, besteht in keiner Weise zu Recht. Der gute Glaube, mit dem noch Sinologen wie M. J. Klaproth oder Biot den einschlägigen und überhaupt den hergebrachten chinesischen Überlieferungen gegenüberstanden, mußte längst der Einsicht weichen, daß man diese mit der äußersten Vorsicht aufzunehmen hat; ist es doch fraglos, daß zuverlässige Daten (über die Kenntnis des Magnetismus) frühestens erst seit 841 v. Chr. vorliegen und daß die gesamte Literatur seit weit über zwei Jahrtausenden planmäßigen Fälschungen und Einschiebungen jeglicher Art unterlag, zu deren Hauptzielen es gehörte, allem Vorgebrachten einheimischen Ursprung und ein möglichst hohes Alter zuzuschreiben . . . Eine maßgebende Prüfung der chinesischen Literatur auf die Glaubwürdigkeit ihrer sachlichen und chronologischen Angaben, namentlich auch der naturwissenschaftlichen, wird sich nur sehr allmählich ermöglichen lassen, denn eine kritische Würdigung seitens eingeborener vorurteilsloser Forscher hat kaum erst begonnen; bevor deren Ergebnisse gesichert sind, bleibt aber größtes Mißtrauen gegen alle ‚Traditionen der Vorzeit' durchaus geboten."

LIPPMANN hält es weiterhin für möglich, daß die Chinesen den um 1160 v. u. Z. genannten „Südweiser" nur als Ausdruck eines magischen Zaubers für die der Führung folgenden Kolonne genutzt hatten und er dabei von Hand durch geographisch-astronomisch kundige Leute in die richtige Richtung gedreht wurde, was sich schon allein durch eine einfache Beobachtung der Sonne realisieren ließe. Daß dieses Gerät ein Süd- und kein Nordweiser war, lag wohl daran, daß im Chinesischen Reich die fruchtbareren Regionen mit einem größeren Angebot an Lebensmitteln im Süden lagen, dies traf zumindest seit den Eroberungskriegen im 3. und 2. Jahrhundert v. u. Z. zu. Darüber hinaus steht technisch außer Zweifel, daß ein Magneteisenstein oder magnetisiertes Eisen allein nicht in der Lage ist, eine ganze Figur (die auf der Deichsel eines Wagens aufgestellt wurde, also keinesfalls nur zentimeterhoch war) ohne einen Verstärkungsmechanismus zu bewegen. So bleibt die Mär vom 5000 Jahre alten chinesischen Kompaß nur eine hübsche Gechichte, die bestenfalls vom

Ehrgeiz chinesischer Herrscher und Geschichtsschreiber zeugt. Für den Leser, den diese Erläuterungen noch nicht zufriedenstellen, sei noch erwähnt, daß es technisch nicht allzu schwierig ist, zwischen den Rädern eines Wagens und dem ausgestreckten Arm einer darauf stehenden Figur einen Mechanismus zu konstruieren, der diesen Arm, beim Bewegen des Wagens in verschiedene Richtungen, immer in eine, vorher eingestellte Richtung zeigen läßt. Ein solch einfaches Prinzip wurde bis zur Einführung elektronischer Steuerungen noch in Schützenpanzerwagen und ähnlichen Fahrzeugen genutzt, um den Lauf der Kanone, unabhängig von Richtungsänderungen des Wagens, konstant zu halten. Dies war möglicherweise des Rätsels Lösung, doch ist es nicht belegbar, daß dieser Mechanismus schon vor 5000 Jahren von Technikern erfunden wurde.

In zahlreichen Presseerzeugnissen wurde vor Jahren unter der Überschrift „Kannten die Olmeken den Kompass?" über einen aufsehenerregenden Fund in San Lorenzo (nahe Veracruz/Mexiko) berichtet. Es soll sich dabei um ein Stück Magneteisenstein handeln, welches aus einer Zeit vor dem Jahre 100 v. u. Z. stammt oder gar noch älter ist. Es besitzt einen trapezförmigen Querschnitt und, in der Länge noch eingeschliffen, eine Rille, die um 2 Grad von der Nordrichtung abweicht, wenn die Längsachse des Magnetsteins genau in Nord-Süd-Richtung weist. Bei Schwimmversuchen auf Holz zeigte sich die Eignungsfähigkeit. Daß die Abweichung der Nordlinie die Mißweisung ausgleichen soll, kann nur vermutet werden. Ob die Olmeken nun tatsächlich einen Beitrag zur Weiterentwicklung der Navigation geleistet haben, kann nur durch zukünftige Untersuchungen endgültig bewiesen werden.

Wenn vielfach behauptet wird, daß Magnete auch beim Ausrichten der Tempel und öffentlichen Gebäude eine Rolle gespielt haben, so kann es sich nach Meinung von LIPPMANN nicht um ein Einjustieren nach der Kompaßnadel gehandelt haben, „sondern nur um irgendeinen Aberglauben, oder etwa um das Versenken eines ‚zauberischen' Magnetsteines in die Fundamente; derartige Gebräuche, kostbare und wunderkräftige Steine u. dgl. betreffend, finden sich bei vielen Völkern. . ." (1932, S. 5).

Auch die Angabe, daß magnetische Südweiser bereits während der Tsin-Dynastie (um 250 v. u. Z.) auf den Fahrten zwischen den ostindischen Häfen und der Ostküste Afrikas zur Anwendung gekommen waren, ist mit Vorsicht aufzunehmen. Weiteren Berichten zufolge soll HIU-TSCHIN in einer 121 u. Z. geschriebenen Enzyklopädie „Schue-w̄en" erwähnt haben, „daß der Magnet ein Stein ist, mit dem man der Nadel die Richtung gibt" (LIPPMANN 1932, S. 6), also Eisen magnetisieren kann. Wie verworren die ganze Geschichte bei der Prüfung auf Echtheit wird, zeigt, daß der heute vorliegende Text des HIU-TSCHIN von nachfolgenden Autoren überarbeitet, d. h. abgeändert und ergänzt wurde und der erste nachweisbare Druck aus den Jahren 984 bis 988 stammen soll. Nach TING-WENG-YÜAN wurde aber der Buchdruck in China erst um 1050 u. Z. erfunden, also wäre die gedruckte Erstausgabe des Kompaßberichtes noch 70 Jahre älter! Fazit des Ganzen: Die chinesische Verwendung des Kompasses ist selbst für das 2. Jahrhundert u. Z. nicht eindeutig belegbar. LIPPMANN datiert aufgrund eines umfassenden Quellenstudiums die erste sichere Schilderung der Verwendung des Südzeigers in das Jahr 235 u. Z. Erst im Jahre 658 gelangte diese für die Seefahrt so wichtige Erfindung in die Hände des Nachbarlandes Japan.

Für die erst viel spätere Benutzung des Kompasses auf See spricht die Schilderung des chinesischen Buddha-Pilgers FĀ-HIAN, der um 413 oder 414 u. Z. auf einem viele hundert Personen fassenden Schiff aus Indien nach China heimfuhr. Seinem Bericht ist zu entnehmen, daß man, wenn trüber Himmel Sonne und Sterne verhüllte, nicht wußte, wo Ost und West war und keinerlei festen Kurs einzuhalten vermochte. Dadurch geriet das Schiff oftmals in große Gefahr.

Es mußten noch über 500 Jahre vergehen, ehe die früheste, einigermaßen klare Beschreibung der Funktionsweise einer Magnetnadel entstand. SCHĒN-KUA (1030-1093) hatte sie verfaßt, kennt aber nur die Nutzung dieser für magische Zwecke. Zu Beginn des 12. Jahrhunderts tauchen dann Hinweise auf, daß man die Magnetnadel an einem Baumwollfädchen aufgehangen hat und daß die Nadel nicht genau in Richtung des astronomisch bestimmten geographischen Südpols zeigt. Damit war die Mißweisung oder magnetische Deklination entdeckt. CHU-YÜ berichtet zu Beginn des 12. Jahrhunderts, daß die Magnetnadel „als Weiser zur See erst in den Jahren 1086 bis 1099 bekannt wurde, und zwar durch Fremde, die sie auf ihren Fahrten zwischen Sumatra und Kanton benützten“ (nach LIPPMANN 1932, S. 8). Dies wird dadurch unterstrichen, daß der Hafen von Kanton im Jahre 700 auch für Ausländer geöffnet wurde und seit 714 zahlreiche arabische Schiffe dort anlegten. Nach einer chinesischen Regierungsanordnung von 1086 (zitiert nach BREUER 1970, S. 105) haben sich die Schiffsnavigatoren dann doch auf die unscheinbare Nadel verlassen: „Die Piloten der Schiffe sind vertraut mit der Gestalt der Küste; nachts steuern sie nach den Sternen und tags nach der Sonne. Bei dunklem Wetter blicken sie auf die nach Süden weisende Nadel. Sie benutzen außerdem eine hundert Fuß lange Leine mit einem Haken am Ende, womit sie Schlammproben vom Meeresboden heraufholen. Konsistenz und Geruch hilft ihnen, die gegenwärtige Position zu bestimmen.“

Ein erstes Werk, dem man nähere Angaben über die Beschaffenheit der Kompasse entnehmen kann, ist die naturgeschichtliche Schrift des KEU-TSUNG-SCHI (entstanden zwischen 1111 und 1117). Danach hat man die Magnetnadel mit Wachs an einem Faden befestigt, oder aber sie quer durch einen Schilfhalm gesteckt und diesen in einer Wasserschale schwimmen lassen. Eine derartige „südweisende schwimmende Nadel“, im Chinesischen als tschi-nan-fu-tsche bezeichnet, war an Bord des Schiffes von SÜ-KING, der 1122 von Ningbo aus nach Korea fuhr. Durch seine Aufzeichnungen wurde 1297 eine Beschreibung Kampucheas ermöglicht, das sich damals in einer kulturellen Blütezeit befand. Wichtiger Be-

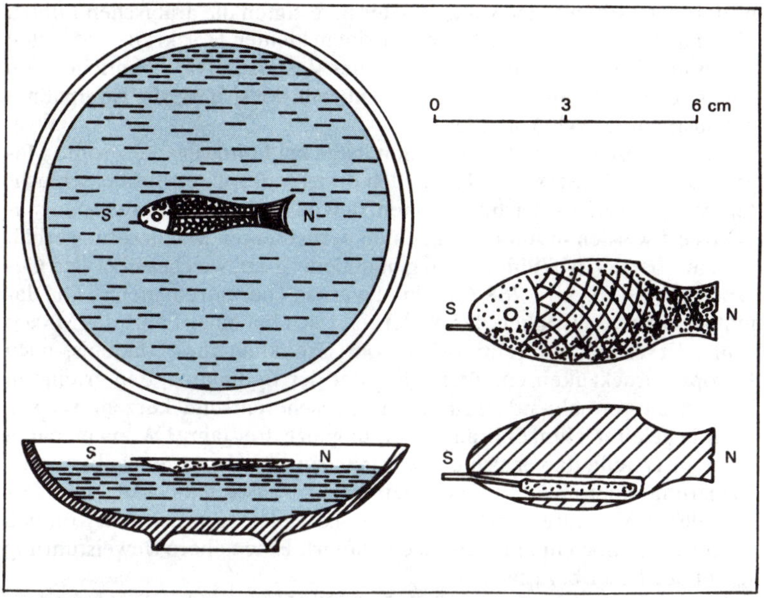

Abbildung 13
Angeblicher Seekompaß der Araber (nach SCHÜCK 1910). Ein hölzerner Fisch, in dessen Innern sich ein Stück Magneteisenstein befand, oder ein magnetisierender eiserner Fisch sollten die Nord-Süd-Richtung anzeigen.

standteil ist eine Anweisung zum Auffinden der Häfen dieses Landes. Nach Auffassung von LIPPMANN wurde die Magnetnadel in dieser Form bis zur Ankunft der europäischen Schiffe im 16. Jahrhundert verwendet.

Leider ist heute nicht mehr eindeutig zu klären, ob der Schiffskompaß zuerst von den Chinesen oder den Arabern eingeführt wurde. Die bislang älteste und vor allem nicht anzuzweifelnde Quelle für die Verwendung der Magnetnadel in Arabien ist das „Buch des Schatzes der Kaufleute in der Kenntnis der Steine". Es wurde im Jahre 1282 von dem arabischen Schriftsteller BAILAK in Kairo verfaßt. Er berichtet darin, daß er auf der Überfahrt von Tripolis nach Alexandria, die im Jahre 1242 erfolgte, sah, wie die Seeleute sich bei ungünstigem Wetter mit einem auf Wasser schwimmenden Stück Holz halfen, in welches eine eiserne Nadel hineingesteckt war. Man mußte diese für die Benutzung erst mit einem Magnetstein in Drehung versetzen und dann plötzlich den Stein seitlich wegziehen. Erst dann stellt sich die Nadel in die Nord-Süd-Richtung ein. Nach BAILAKS Bericht besaßen die Eisenstäbchen manchmal auch Fischgestalt, wodurch wahrscheinlich die magische Kraft des geheimnisvollen Hilfsmittels verstärkt werden sollte. Später befestigten die arabischen Piloten eine magnetisch gemachte Nadel auf einem kleinen Holzkreuz und legten dieses ins Wasser. Ein anderer arabischer Verfasser, ARAFI, berichtet von einem schwimmfähigen Fisch aus Eisenblech, der sich wie die Kompaßnadel ausrichtete (vgl. Abb. 13).

Die Chinesen benutzten die schon lange bei Landwegen erprobte Magnetnadel zunächst, wie viele Quellen berichten, auf See nur bei schlechtem Wetter. Es ist auch anzunehmen, daß dabei die Nadeln stets neu magnetisiert werden mußten, denn einen permanenten Magnetismus erhält man nur bei der Abkühlung von glühendem Eisen, welches über den Curiepunkt (bei Eisen = 768°C) erhitzt wurde (Thermoremanenz). Die damalige Unzuverlässigkeit der Nadel zeigt sich bei einer Fahrt des MARCO POLO. Er erhielt im Jahre 1291 vom Großkhan die Erlaubnis, nach Europa zurückzukehren, aber nur unter der Bedingung, daß er eine in Persien zu vermählende Prinzessin auf sicherem und kurzem Seeweg dorthin geleitet. Nun, er brauchte dafür ganze drei Jahre! Wenn man ihm nicht unterstellt, daß er sich in die Prinzessin verliebt hatte, bleibt nur die Erklärung einer äußerst ungenauen Navigationstechnik. Entgegen verschiedenen Vermutungen hat MARCO POLO weder irgendwo vom Kompaß geschrieben, noch ihn in Europa eingeführt. Eine nähere Beweisführung findet der Leser bei LIPPMAN.

So ist es auch nicht wahr, daß die Inder die Verwendung der Magnetnadel schon im 4. Jahrhundert von den Chinesen übernommen haben. In dem berühmten arabischen Buch von den Wundern Indiens, welches um 950 geschrieben wurde und die Quelle für die „Reisen Sindbads des Seefahrers" und „Märchen aus Tausendundeiner Nacht" bildete, wird zwar der Magnetberg (ein nicht näher lokalisierbarer Ort in Märchen und Sagen) mit seinen Schrecken für die Schiffer erwähnt, nirgendwo aber die Magnetnadel. VASCO DA GAMA fand 1497/98 bei den Seeleuten im Indischen Ozean Magnetnadeln, die aus dünnen magnetisierten Eisenblechstreifchen bestanden, welche bereits mit einem Hütchen auf einem Stift gelagert waren.

Vielleicht sollte der Leser in diesem Abschnitt der Geschichte des Kompasses auf den Unterschied hingewiesen werden, den es zwischen einem Land- und einem Seekompaß gibt. Die bisher beschriebene magnetische Nadel zeigt, wenn man sie leicht beweglich lagert, in die magnetische Nord-Süd-Richtung. Mit Hilfe einer untergelegten, am Gehäuse befestigten Kompaßrose lassen sich nach dem „Einnorden" die anderen Himmelsrichtungen angeben. Nun will der Seemann aber nicht nur wissen, wo Norden ist, sondern vor allem seinen vorgegebenen Kurs kontrollieren und einhalten. Dies wird mit einem Landkompaß recht schwierig.

Eine Erfindung bestand in der festen Verbindung zwischen Nadel und Kompaßrose. Unabhängig von einer Schiffsdrehung zeigt nun die Rose immer Kompaßnord an, und die Lage des Schiffes ist durch einen, auf dem Kompaß angebrachten Steuerstrich (in Mittschiffsrichtung) jederzeit überprüfbar und mit dem Steuer korrigierbar. Diese Vorrichtung kann eigentlich erst zu Recht als *Schiffskompaß* bezeichnet werden.

Lassen wir die Frage, wer mehr für diesen Kompaß geleistet hat – Araber oder Chinesen – dahingestellt und untersuchen zunächst das griechisch-römische Altertum auf die Kenntnis von der Magnetnadel zur Richtungsbestimmung. Wie schon von zahlreichen Autoren dargestellt, „kennt das europäische Altertum zwar frühzeitig den Magnetstein, seine anziehende Kraft gegenüber dem Eisen und seinen Gebrauch in der Magie und Medizin, nicht aber die Magnetnadel", schreibt LIPPMANN (1932, S. 12). LUCRETIUS berichtete im Jahre 54 v. u. Z. über die anziehende Wirkung des Magnetsteines auf Eisenfeilspäne, doch dies ist schon alles, was die antiken Quellen hergeben. So läßt sich auch die Behauptung nicht beweisen, daß die Hauptachsen von etwa 300 Kirchen, die zwischen dem 4. und 7. Jahrhundert gebaut wurden, mit Hilfe der Magnetnadel ausgerichtet wurden.

Der Autor, der sich PHYSIOLOGOS nannte und um 370 in Caesarea (Syrien) bedeutende naturwissenschaftliche Schriften verfaßte, berichtet über zahlreiche Wunderdinge. Über den Magnetstein weiß er aber auch nicht mehr, als daß er Eisen anzieht! Gleiches gilt für die gesamte bekannte byzantinische Literatur.

Nachdem bereits dargestellt wurde, daß die Araber den Schiffskompaß nicht schon im 8. oder 9. Jahrhundert von den Chinesen übernommen haben können, bestände noch die Möglichkeit, daß sie eine Parallelerfindung machten. Doch bis zur Mitte des 13. Jahrhunderts hat kein arabischer Schriftsteller von der Magnetnadel berichtet.

SCHÜCK schreibt im Jahre 1912 (S. 138), warum die Seeleute, örtlich sicher unterschiedlich, das Geheimnis der schwingenden Magnetnadel lange hüteten: „Erst bewahrten die Schiffsführer und ihre Gehilfen, deren Namen man vielleicht nicht kennt, die Sache als Geheimnis, sie fürchteten, der Zauberei beschuldigt zu werden . . . Der Seemann ist durch Hilfe dieser Nadel imstande, sein Schiff richtig zu steuern. Diese Erfindung, die in so hohem Grade nützlich erscheint für alle, die über See reisen, muß bis auf spätere Zeiten verborgen bleiben, da kein Schiffsführer sich getraut, sie zu gebrauchen und dadurch in den Verdacht zu geraten, er sei ein Zauberer; selbst die Matrosen würden nicht wagen, unter seiner Führung in See zu gehen, wenn er ein Hilfsmittel mit sich nimmt, das so sehr den Anschein hat, als sei es gefertigt unter dem Einfluß eines teuflischen Geistes . . . Tausende von denen, die gegenwärtig Schiffe sich ansehen und mit ihnen Seereisen machen, können nicht begreifen, auf welche Weise nach solchem unscheinbaren Dinge, wie der Kompaß-Magnet, solch ein großes Schiff gelenkt werden kann; von ‚Gebildeten' hörte ich: Das sieht fast wie Zauberei aus!! – Nun denke man damals, wenn noch vor ungefähr 800 Jahren man nur eine kleine flache Holzschale sehen konnte, bis dreiviertel ihrer Tiefe mit Wasser gefüllt, auf dem eine in Holzsplitter oder in ein Stückchen Schilf gesteckte Nadel schwamm . . .

Wie leicht war das den Blicken Unkundiger verborgen, wie schwer fiel es denen, die es sahen, zu glauben, dies wäre wirklich das Hilfsmittel der Schiffsführung."

Keinesfalls jedoch war die Magnetnadel schon im 13. Jahrhundert unter den Seefahrern allgemein bekannt. Der in Ägypten tätige arabische Autor AL-MAKRĪZĪ, er lebte von 1364 bis 1442, bezeichnete sie jedenfalls noch als ein „Wunder".

So bringt die Forschung nach der Herkunft der Magnetnadel leider nicht viel Erfreuliches für den Leser, der sich für frühe Entdeckungen interessiert. Möglicherweise ergeben neuere und gründlichere Übersetzungen der uralten Texte weitere Anhaltspunkte. Daß die Suche nach der Herkunft des Kompasses nur durch das Studium der alten Literatur noch Erfolg haben kann, ist sicher dem Leser verständlich geworden. Das Hauptproblem bei der Übersetzung liegt, nach Auffassung des Autors, nicht nur in der exakten sprachlichen Übertragung, sondern vor allem in dem bei frühen Übersetzern nur in den seltensten Fällen vorhandenen Fachwissen. Demzufolge kann es heute keinesfalls eine wissenschaftlich bedeutende Leistung sein, wenn jemand allein einen antiken Schriftsteller, der ein Universalgenie war, übersetzen will. So wäre ein Nichtmediziner wohl kaum in der Lage, LEONARDO DA VINCIS medizinisches Werk allein in die heute verständliche medizinische Fachsprache zu übersetzen.

Die älteste bisher bekannte europäische Erwähnung einer Kompaßnadel findet man bei ALEXANDER NECKAM (1157 bis um 1220), der Ende des 12. Jahrhunderts in Paris studierte und später Vorlesungen hielt. In seinen Büchern „De natura rerum" (Kapitel 98) und „De utensilibius" berichtet er fast das Gleiche, wie schon der oben erwähnte Araber BAILAK 1228: „. . . die Schiffer benützen die auf Wasser schwimmende Magnetnadel, wenn sie bei schlechtem Wetter die Sterne nicht beobachten können, sie setzen sie mittels des Magnetsteines in Umlauf, und erkennen dann, wenn dieser aufhört und die Nadel nach Norden zeigt, den rechten Weg. Die Angaben sind sichtlich unklar, so wenn von der Nadel ‚über dem Magnet' oder ‚unter dem Zeiger' die Rede ist, und zeugen nicht von Sachkenntnis", schreibt LIPPMANN (S. 21).

Es läßt sich die Schlußfolgerung ziehen, daß die Verwendung der Kompaßnadel mit Beginn des 13. Jahrhunderts immer häufiger wurde und die Seeleute sie zu ihrem Vorteil auch anzuwenden verstanden. Davon zeugen zahlreiche literarische Quellen. GUYOT DE PROVINS verfaßte zwischen 1203 und 1208 das satirische Gedicht „Bible" und wünscht darin, daß der Papst so untrüglich fest, wie der Nordstern (= Polarstern) stünde (zitiert nach LIPPMANN 1932, S. 22): „. . . Wißt, ein Stein schwarz und unansehnlich ist, der Eisen anzieht; dieser zeigt den richtigen Punkt an, wenn man streicht eine Nadel dran und diese legt auf einen Strohhalm, welchen trägt dann Wasser wieder. Und nun schau': Der Nadel Spitze dreht genau alsbald sich hin zu jenem Stern. Da bleibt jeder Zweifel fern." Daraus geht jedoch auch hervor, daß immer noch die Nadel vor jeder Beobachtung neu magnetisiert werden mußte, und je nach der Qualität dieser Magnetisierung und der Exaktheit des dafür zuständigen Seemannes war wohl auch die Genauigkeit des Einspielens in die Nord-Süd-Richtung recht unterschiedlich. Fast den gleichen Inhalt findet man bei JACOBUS VITRIACUS in seiner 1218 geschriebenen „Geschichte Jerusalems". Die mit dem Stein ADAMAS aus Indien berührten Nadeln zeigen den Seefahrern den Norden an und sind für sie unentbehrlich geworden. Das recht merkwürdige, um 1243 geschriebene Buch „Sidrach – Quelle allen Wissens", beantwortet die Frage: Warum zeigt die Magnetnadel nach Norden? Es gibt die überzeugende Antwort: Weil die Naturen des Eisens und des Polarsternes verwandt sind!

Über die Bedeutung der Magnetnadel in dieser Zeit für Europa äußert sich VOGEL (1911, S. 32) zusammenfassend folgendermaßen: „. . . die Nordweisung der Magnetnadel war in Nord- und Westeuropa seit dem Ende des 12. Jahrhunderts bekannt, wahrscheinlich im Laufe des 14. Jahrhunderts wurde der primitive Schwimmkompaß durch einen verbesserten Kompaß, dessen Rose mit der Nadel fest verbunden war, ersetzt. Aber weder die Einführung der Magnetnadel noch des verbesserten Kompasses hat zunächst eine Revolution in der nordwesteuropäischen Nautik verursacht, weil der Kompaß vorwiegend nur als Zeitmesser Verwendung fand [z. B. zur Bestimmung des Mittagspunktes, d. Verf.], dagegen selten als Steuerkompaß auf offener See (ausgenommen vielleicht auf Islandfahrten). Außer Sicht von Land orientierte man sich vielmehr meist astronomisch, solange dies möglich war und vor allem mit Hilfe des Lotsen. Höchstens kann von einer allmählichen Evolution im Sinne vermehrter Anwendung des Kompasses, besonders seit der Mitte des 15. Jahrhunderts die Rede sein. Soweit man von einer wirklichen Revolution in den Methoden der nordwesteuropäischen Seeschiffahrt sprechen darf, ist sie erst in der zweiten Hälfte des 16. Jahrhunderts mit der Einführung der wissenschaftlichen Nautik nach dem Vorbilde der Italiener, Portugiesen und Spanier erfolgt."

LIPPMANN nimmt an, daß in Nordeuropa, wahrscheinlich schon in frühmittelalterlicher Zeit, die Magnetnadel selbständig entdeckt wurde.

Der bedeutendste Fortschritt in der Anwendung der Kompaßnadel auf See ist mit dem Namen FLAVIO GIOJA aus Amalfi verbunden. Unrecht hat die Geschichtsschreibung nur, wenn sie behauptet, daß GIOJA überhaupt den Magnetkompaß in Europa eingeführt hätte. Ihm ist aber mit ziemlicher Sicherheit die Verbindung der Kompaßnadel mit der Kompaßrose zu verdanken. Das geschah während der zweiten Hälfte des 13. Jahrhunderts und stellte eine technische Meisterleistung dar. Schließlich war Voraussetzung für eine Befestigung der Rose ein leichtes Spiel der Nadel auf der Pinne.

Zur waagerechten Anordnung des Kompasses wurde zunächst das Verfahren des Schwimmkompasses angewandt und erst später dazu die Cardanische Aufhängung verwendet. Die Erfindung stammt aber nicht von

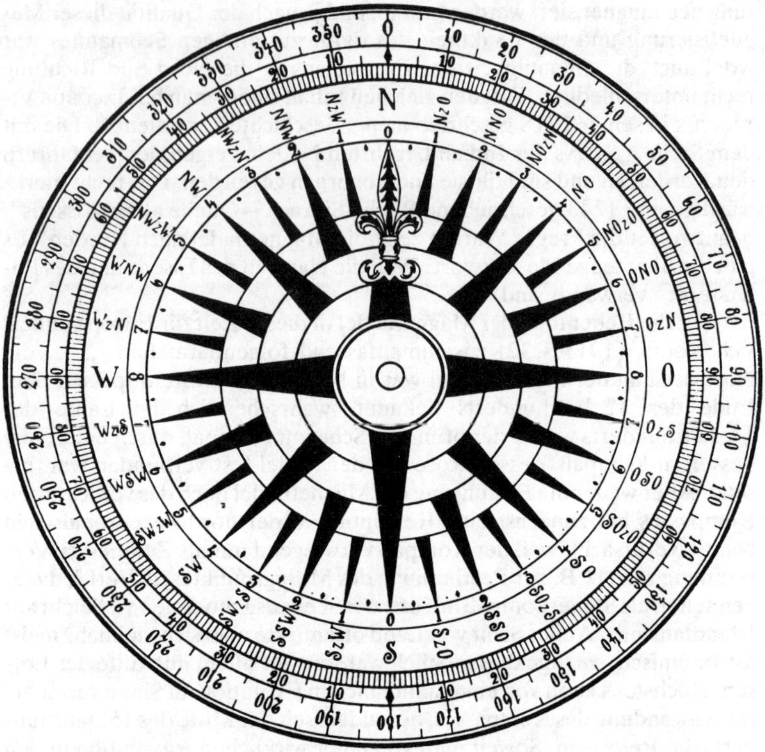

Abbildung 14
Kompaßrose mit Hauptrichtungen, Hauptzwischenrichtungen und Zwischenrichtungen (nach SCHÜCK 1910). Solche Kompaßrosen wurden lange Zeit verwendet und befinden sich teilweise noch heute in Gebrauch.

CARDANO, der von 1501 bis 1576 lebte, sondern dieser hatte sie nur für den Kompaß eingeführt. In seiner Schrift „De subtilitate" äußert er, daß das Prinzip von solchen Lampen entlehnt sei, aus denen, man mag sie halten , wie man will, das Öl nicht herauslaufen kann. Bei dieser Art der Aufhängung bewirken zwei diametral an einem kreisrunden Ring befestigte Stifte, daß dieser sich drehbar in einem Gestell befestigen läßt. Ein zweiter, innen wiederum mit zwei entgegengesetzten Stiften versehener Ring lagert im ersten Ring und trägt den Kompaß. Diese einfache Vorrichtung kann nun alles Schlingern und Stampfen des Schiffes in Richtung des Kieles und senkrecht zu dieser Richtung ausgleichen, falls die Cardanachsen in Längs- und Querschiffsrichtung liegen. Diese Vorrichtung wirkt um so effektiver, je niedriger der Schwerpunkt unter den beiden Ringen liegt.

Eine zeichnerische Darstellung dieser Aufhängung findet sich auch bei Leonardo da Vinci (1452-1519), und wahrscheinlich war diese schon im Altertum bekannt.

Betrachtet man den Zeitraum bis etwa 1300, so lassen sich folgende Meilensteine in der Entwicklung und Einführung des Kompasses nennen. Die Kenntnis der Magnetnadel kann man in China vor Beginn des 11. Jahrhunderts u. Z. nicht sicher nachweisen. Ihre Anwendung für die Schiffahrt war den Chinesen wahrscheinlich erst seit dem Jahre 1086 bekannt. Weder die Inder, noch die Griechen und Römer der Antike und auch nicht die Byzantiner des frühen Mittelalters kannten die Magnetnadel. Die Araber erfanden sie weder selbständig noch besaßen sie diese vor dem 10. Jahrhundert. Der erste gesicherte Bericht in Arabien stammt aus dem Jahre 1282. Das Wort „Kompaß" ist erst gegen 1300 zu belegen.

Schon zur Zeit der Kolumbus-Reisen war die unter einer mit Strichteilung versehenen Papierrose befestigte Magnetnadel verstellbar, so daß die Mißweisung für den entsprechenden Schiffsort eingeeicht werden konnte und der Kompaß somit wieder die exakten Himmelsrichtungen anzeigte. Wie Kolumbus' Sohn Ferdinand berichtet, versuchte der Admiral „die Beziehungen zwischen dem Gange der Magnetnadel und dem Nordstern aufzufinden" (nach Peter 1972, S. 56f.). Der Bedarf der Seefahrer an Kompassen stieg im beginnenden Zeitalter der großen europäischen Entdeckungen stark an, worauf sich immer mehr Mechaniker auf die Herstellung von solchen Instrumenten spezialisierten. Sie bildeten deshalb 1510 in Nürnberg eine besondere Zunft.

Die ersten Schiffskompasse waren Trockenkompasse und wurden in runde Holzgefäße eingebaut, erst im 16. Jahrhundert kamen die auf See wesentlich beständigeren Messingschalen zur Anwendung. Die Kompaßrose wurde auf möglichst dünnem Papier gezeichnet und auf eine Glimmerscheibe geklebt, die sie versteifte und gegen Temperatur- und Feuchtigkeitseinflüsse schützte. Hauptproblem der Kompaßkonstruktion war eine leichte und nahezu reibungsfreie Drehung der Nadel in ihrer Aufhängung. Nur so konnte eine schnelle Einstellung auf den Meßwert erreicht werden. Durch das ständige Hin- und Herpendeln, insbesondere bei Seegang auf einem Schiff, nutzte sich die feine Spitze der Pinne sehr schnell ab, und es gehörte zur nautischen Grundausrüstung, daß die Einzelteile des Magnetkompasses als Ersatz mitgeführt wurden. Eine wesentliche Verbesserung stellte der Flüssigkeitskompaß dar. Hier wird die Reibung durch den Auftrieb verringert und die Schwingung der Nadel etwas gedämpft. In dieser Form wurde der Magnetkompaß zum bedeutendsten Navigationsinstrument des ausgehenden Mittelalters. Seine Bedeutung schwand erst mit der Einführung des Kreiselkompasses und elektronischer Ortungsverfahren in jüngster Vergangenheit. Die Bezwingung der Weltmeere wäre ohne dieses unscheinbare Stückchen Eisen mit seiner „Zauberkraft" wohl viel schwieriger gewesen und hätte unter den Seeleuten weit mehr Opfer gefordert, als dies schon so der Fall war.

Die Bestimmung der Zeit

Mit zunehmender wissenschaftlicher Durchdringung der Navigationsmethoden wurde eine exakte Bestimmung absoluter wie auch relativer Zeitabschnitte immer notwendiger. Das trifft vor allem für die Distanzbestimmung bei der Koppelnavigation zu.

Die größte Bedeutung erreicht die Meßgröße Zeit später bei der Bestimmung der geographischen Länge. Hierzu war ein exakter Zeitmesser unbedingt erforderlich. Die frühen Seefahrer kamen hingegen noch mit gröberen Zeitbestimmungen aus, was aber dennoch zu befriedigenden Navigationsergebnissen führte.

Der Seefahrer der Frühzeit war durch die Position der Sonne bzw. Sterne sicher ausreichend mit Zeitangaben versehen. Durch den jahreszeitlich unterschiedlichen Stand der Sonne bei ihrem Auf- und Untergang (Horizontort) war es zusätzlich und unabhängig vom Jahresgang der Klimaelemente oder der Vegetationsperiode möglich, Aussagen über die jeweilige Jahreszeit zu treffen. Zur Sommersonnenwende, auf der Nordhalbkugel am 21. Juni, beginnt die Sonne ihren längsten Tagbogen an einem nordöstlich gelegenen Punkt des natürlichen Horizontes (seemännisch die Kimm genannt), erreicht dann mittags ihren höchsten Stand über der Kimm (66,5° am nördlichen Wendekreis) und geht in einem nordwestlich gelegenen Punkt wieder unter. Dabei herrscht auf der Nordhalbkugel der längste und auf der Südhalbkugel der kürzeste Tag. Am 21. Dezember, dem Winteranfang, beschreibt die Sonne auf der Nordhalbkugel den kürzesten und flachsten Tagbogen am Himmel. Die Piloten konnten dabei auf die Ergebnisse der Astronomen und Kalendermacher zurückgreifen und sie praktisch nutzen.

Die wahrscheinlich älteste Anordnung zur Bestimmung der Tageszeit, später dann auch zur Ermittlung der geographischen Breite benutzt, ist der Schattenzeiger (Gnomon). Um ein solch einfaches Gerät anzufertigen, benötigt man einen flachen Platz, auf den möglichst den ganzen Tag die Sonne scheint. Ein oben angespitzter Stab wird senkrecht in die Erde gesteckt. Um den Stab zieht man einige konzentrische Kreise. Nach Markierung des kürzesten Schattens (Mittagszeit) kann die exakte Tageszeit, entsprechend den verschiedenen Schattenlängen, ermittelt werden. Um weitere Daten zu erhalten, müssen die Kreispunkte beobachtet werden, in denen der Schatten des Stabes am Vor- und Nachmittag dieselbe Länge hat. Darauf halbiert man den Bogen zwischen diesen Punkten und erhält so noch einmal die Mittagslinie. Aus der Länge des Stabschattens am Mittag und der Stabhöhe läßt sich die Sonnenhöhe berechnen. Wird an einem Ort die Sonnenhöhe am kürzesten und am längsten Tag ermittelt, so läßt sich aus dem halben Höhenunterschied die Schiefe der Ekliptik bestimmen. Aus der halben Höhensumme ergibt sich die Äquatorhöhe (Komplement der Breite). Bei einer Beobachtung zur Zeit der Tag- und Nachtgleichen erhält man unmittelbar das Komplement der Breite.

Viele alte Quellen berichten über diese wohl einfachste Methode zur Zeitbestimmung. So schrieb Herodot (1956, II, 109): „Denn den Stundenzeiger, die Sonnenuhr und die Einteilung des Tages in zwölf Stunden haben die Griechen von den Babyloniern.“ Vitruv berichtet über den Priester Berosos in Babylon, der in einem Antiochus Soter (281 bis 261 v. u. Z.) gewidmeten babylonischen Geschichtswerk eine Sonnenuhr erwähnte: „Eine Sonnenuhr in Form eines Halbkreises, der in einem Quaderstein ausgehöhlt und nach der Polhöhe geschnitten ist, soll der Chaldäer Berosos erfunden haben. . .“ (Vitruv 1964, IX, 8, 1).

Über die Verwendung der Sonnenuhr finden sich auch in der Bibel zwei Berichte: „Jesaja sprach: Dies Zeichen wirst du vom Herrn haben, daß der Herr tun wird, was er zugesagt hat: Soll der Schatten an der Sonnenuhr zehn Striche vorwärts gehen oder zehn Striche zurückgehen? Hiskia sprach: Es ist leicht, daß der Schatten zehn Striche vorwärts gehe. Das will ich nicht, sondern daß er zehn Striche zurückgehe. Da rief der Prophet Jesaja den Herrn an, und der Herr ließ den Schatten an der Sonnenuhr des Ahas zehn Schritte zurückgehen, die er vorwärts gegangen war“ (Bibel 1972, 2. Könige 20, 8-11). Eine merkwürdige Geschichte, doch kommt es auf den Beleg für die Verwendung von Sonnenuhren an. Sie wird auf die gleiche Weise nochmals in der Bibel bei Jesaja 38, 7–8 erzählt. Diese Beispiele zeigen, daß allein durch die Himmelsbeobachtung für die frühen Seefahrer schon einige Möglichkeiten zur Bestimmung der Zeit vorhanden waren.

Neben der die „wahre Ortszeit“ anzeigenden Sonnenuhr waren noch einige mechanische Zeitmesser in Gebrauch, mit denen eine konstante Zeitspanne gemessen werden konnte. Das spätere Logglas, welches 14 Sekunden abmißt, war ein einfaches und im Altertum häufig angewandtes Hilfsmittel – eine Sanduhr. Heute sind Sanduhren noch als Eieruhren in Gebrauch, und mancher Arzt verwendet sie noch zum Pulszählen.

In der Antike weit verbreitet waren die sogenannten „Kanzeluhren“. Sie bestanden aus einem Gestell, in welchem Sanduhren für $_{1}/^{4}$ h, $_{1}/^{2}$ h, $_{3}/^{4}$ h und 1 h eingebaut waren. Man verwendete diese Uhren auch für die Redezeitbegrenzung vor Gericht – heute sollte man sie hier und da wieder einführen, um oft überflüssige Diskussionsreden zu verkürzen.

Über zwei weitere Möglichkeiten der Zeitbestimmung, die vor allem der Korrektur der Bordzeit dienen, das Nocturnal und das Diagramm für den Polarstern, wird in dem Kapitel über Kolumbus noch näher eingegangen.

Eine andere Möglichkeit boten die Wasseruhren (Klebshydren); es waren Gefäße mit einer kleinen Auslauföffnung. Cäsar stellte mit Hilfe von Wasseruhren fest, daß die Nächte im Sommer im nördlichen Britannien kürzer sind als im südlichen Europa. Klebshydren wurden 450 v. u. Z. in Griechenland und 640 v. u. Z. von Assurbanipal im Zweistromland verwendet. Letztere waren Wasserzylinder mit einem Auslauf für 6 Stunden. Ein besonders bekannter Hersteller von Wasseruhren war Ktesibios, ein

Mechaniker aus Alexandria, der in der 1. Hälfte des 3. Jahrhunderts v. u. Z. lebte: „Bei diesen werden die Stunden auf einer Säule oder einem Pfeiler aufgezeichnet, die dann eine Figur, die von unten aufsteigt, mit einem Stäbchen den ganzen Tag über anzeigt“ (Vitruv, IX, 8, 6).

Vor allem, um die schon erwähnte Koppelnavigation anwenden zu können, werden exaktere Zeitintervalle benötigt. Dies wurde zunächst mit Wasser- und Sanduhren und erst viel später, in den letzten Jahrhunderten, durch mechanische Uhren realisiert.

Das Lot für die Ermittlung der Wassertiefe

Eine sehr wichtige Messung auf See ist die Bestimmung der Wassertiefe unter dem Kiel. Ihre Bedeutung steigt noch mit Zunahme der Schiffstonnage, da hierdurch die Gefahr einer eventuellen Grundberührung größer wird. Dabei war das Lot, insbesondere für die Küstenschiffahrt, durch nichts zu ersetzen. Als Vorläufer des Lots, bei sehr kleinen Schiffen und geringen Wassertiefen angewandt, gilt der Peilstab. Seine bislang älteste bildliche Wiedergabe befindet sich auf einer ägyptischen Schiffsdarstellung aus der Zeit um 1500 v. u. Z. Während der Antike war dieses Gerät ebenfalls in Gebrauch (Schnall 1975, S. 55) und wurde oft auch als Stakstange bezeichnet. Die Wikinger verwendeten eine Stange, die am Ende mit eisernen Spitzen beschlagen war, zum Staken und Peilen, aber auch um feindliche Schiffe zum Kentern zu bringen. So universell kann man moderne Meßgeräte wohl kaum noch einsetzen!

Auf dem Teppich von Bayeux sieht man beim Landevorgang Männer im vorderen Teil des Schiffes stehen, die mit zwei Peilstangen die Tiefe ermitteln (siehe Foto 2). Es handelt sich bei diesem Wandteppich, der 50 cm hoch ist und die stattliche Länge von über 70 m besitzt, um ein einzigartiges Beispiel einer Sticktechnik aus der Zeit um 1077 u. Z. Im Auftrage des Odo von Bayeux wurde er als Schmuck für eine neue Kathedrale angefertigt. Die dargestellten geschichtlichen Ereignisse beziehen sich auf Prinz Harald, den Earl von Wessex. Episoden aus seinem Leben, wie die Überfahrt nach Frankreich und die Niederlage bei Hastings im Jahre 1066, sind szenisch und textlich festgehalten (Stenton 1957).

Peilstangen werden gelegentlich noch heute bei Wassertiefen bis zu 4 Meter verwendet; sie sind 4,5 oder 6 Meter lang und mit einer Dezimeterskala versehen. Oft nutzt der Seemann die an Bord befindlichen Bootshaken für diesen Zweck.

Ein sehr einfaches Hilfsmittel ist das Fadenlot. An einer Lotleine, die in bestimmten Abständen (Faden) markiert ist, hängt das Lotgewicht. Mit diesen einfachen Handloten wurden Tiefen bis zu 400 Meter gemessen. Über die Verwendung des Fadenlotes gibt es schon sehr alte Berichte wie zum Beispiel in der Apostelgeschichte des Neuen Testamentes (Bibel 1972, Apostelgeschichte 27, 27-29): „Als aber die vierzehnte Nacht kam, seit wir im Adria-Meer fuhren, wähnten die Schiffsleute um die Mit-

Abbildung 15
Seeleute beim Loten, Holzschnitt aus dem Jahre 1555

ternacht, sie kamen an ein Land. Und sie warfen das Senkblei aus und fanden zwanzig Klafter [das ist die Strecke zwischen den Enden beider Mittelfinger bei ausgestreckten Armen; 1 Klafter 1,7 - 3 m, d. Verf.] tief; und ein wenig davon senkten sie abermals und fanden fünfzehn Klafter. Da fürchteten sie, wir würden an die Klippen stoßen, und warfen hinten vom Schiff vier Anker und wünschten, daß es Tag würde.“ Ein Holzschnitt von Olaus Magnus aus dem Jahr 1555 zeigt die Seeleute beim Loten (Abb. 15).

Ein weiterer Bericht über die Verwendung des Lotes stammt von Herodot (1956, 2.5, 28): „. . . schon wenn man sich dem Lande [Ägypten an der Mündung des Nildeltas, d. Verf.] zu Schiff auf eine Tagesreise nähert und das Senkblei auswirft, bringt man bei einer Tiefe von zwölf Klaftern Schlick mit herauf. Das beweist, daß selbst so weit immer noch Land angeschwemmt wird.“

Herodot, der von 484 bis 425 v. u. Z. in Halikarnassos lebte, hat damit schon das komplette Lot, wie es uns heute noch bekannt ist, mit Leine, die in bestimmten Abständen markiert ist, einem Stück Gußeisen am unteren Ende, welches eine Aussparung besitzt, die mit Wachs oder Talg gefüllt wird, beschrieben. So kann man damit sogar Proben vom Meeresboden heraufholen, wie es Herodot vor über 2000 Jahren berichtet hat.

Das Handlot war und ist ein Hilfsmittel zur sicheren Fahrt in Küstennähe. Für die Navigation auf hoher See hat es jedoch ab 400 Meter Tiefe keine Bedeutung.

Das Log zur Messung der Schiffsgeschwindigkeit

Die Bestimmung der zurückgelegten Distanz ist für ein Schiff genauso wichtig wie die Feststellung des Kurses. Um den realen Schiffsweg zu ermitteln, braucht man den Kurs und die Geschwindigkeit des Schiffes. In der Vergangenheit war es dabei in den seltensten Fällen möglich, die Geschwindigkeit des Schiffes über Grund zu bestimmen. Die möglichen Meßverfahren lieferten nur Angaben über die Geschwindigkeit bezogen auf die Wasseroberfläche, nicht jedoch über die absolute Eigengeschwindigkeit der Schiffe, die vor allem noch von den vorhandenen Meeresströmungen abhängig ist. Will man aus den Schiffsgeschwindigkeiten die zurückgelegte Distanz errechnen, muß die Meßdauer bekannt sein.

Im Altertum besaßen die Tagstunden eine ungleiche Länge, sie wurden als ein Zwölftel des Tages gerechnet, und so stimmten diese Stundenlängen nur zur Tag- und Nachtgleiche mit unserer Stunde überein (Äquinoktialstunden). Bei Herodot (1956, 4, 86) erfahren wir schon etwas über die Schiffsgeschwindigkeit in dieser Zeit: „Ein Schiff legt im allgemeinen, wenn die Tage lang sind, bei Tage etwa siebzigtausend, bei Nacht sechzigtausend Klafter zurück." Die Entfernungen entsprechen 700 und 600 Stadien (1 Stadion = 177 bis 193 m). Daraus läßt sich eine mittlere Schiffsgeschwindigkeit von 5 Knoten (also 5 sm/h) abschätzen. (Breusing 1886, S. 11). In diesem Bereich liegen auch die von anderen Autoren dieser Zeit angegebenen Distanzen (Skylax 500 Stadien, Marinus 500 bis 1000 und Markianos je nach Bau des Schiffes 500, 700 oder 900 Stadien).

Vorrichtungen zur Geschwindigkeitsmessung auf See hatte man im Altertum nicht. Ob der Vorschlag des römischen Architekten Vitruv (1. Jahrhundert v. u. Z.) jemals in der Praxis realisiert wurde, ist unbekannt: „Für Reisen zu Schiff. . . wird nähmlich quer durch den Schiffsrumpf eine Welle gelegt, deren Enden außerhalb des Schiffsrumpfes hervorragen. An ihren Enden werden Räder mit einem Durchmesser von 4 1/2 Fuß angebracht, die hervorragende, ringsum an ihrer Peripherie fest angehaftete Schaufeln haben, die das Wasser berühren. Ferner hat die Welle in ihrer Mitte, in der Mitte des Schiffes, ein Tellerrad mit einem einzigen, über die Schmalseite hervorragenden Stift. . . Wenn das Schiff durch Ruderschlag oder das Wehen der Winde in Fahrt versetzt wird, werden die an den Rädern befindlichen Schaufeln dadurch, daß sie das Wasser, das ihnen entgegensteht, berühren, durch einen heftigen Rückstoß gezwungen, die Räder in Drehung zu bringen" (Vitruv 1964, 10, 9, 5). Die zurückgelegte Distanz wurde durch Steinchen angezeigt, die in einen Behälter fielen.

Auf dem gleichen Prinzip basiert Leonardo da Vincis Erfindung (wahrscheinlich hat er Vitruvs Idee übernommem) eines Mechanismus mit Schaufelrad aus dem Jahre 1500, „um zu erkennen die Meilen des

Meeres", wie heute im Codex Atlanticus (DA VINCI 1894) nachzulesen ist.

Außerdem waren unter den Praktikern einige Möglichkeiten bekannt, die uns heute kurios erscheinen, aber damals hier und da erfolgreich genutzt wurden. So erwähnt SCHÜCK (1893, S. 134) folgendes: „Bei der Methode des Abschreitens maßen die Piloten zunächst an Land, welche Strecke sie bei verschiedenen Laufgeschwindigkeiten in einer bestimmten Zeit zurücklegen konnten. Dann maßen sie sich auf Deck des Schiffes eine Strecke ab, die sie ungehindert durchlaufen konnten und versuchten nun auf See, zur Bestimmung der Fahrtgeschwindigkeit Schritt mit den Schaumblasen, welche vom Bug aufgeworfen werden, oder mit einem über Bord geworfenen Stück Holz zu halten. . . so glaubten sie zu wissen, welche Strecke sie in einer Stunde zurückgelegt hätten, die gleiche legte also das Schiff in einer Stunde zurück. Dies fand ich beschrieben in holländischen Lehrbüchern der Navigation aus dem Ende des 16. Jahrhunderts. . . Wenn man beim Gehen Sekunden 'zählte' und dies auf die Stunde übertrug, konnte man selbstverständlich auch große Fehler begehen."

Neben diesen Schätzungen wurde sicher schon frühzeitig das Relingslog (auch Dutchmans Log) angewandt. Hierbei wird auf dem Oberdeck des Schiffes eine bestimmte Strecke, z. B. 60 Meridiantertien (= 1 Bogensekunde), das sind ungefähr 30,8 m, abgesteckt und ein schwimmender Gegenstand (Kork, Holz usw.) über Bord geworfen. Eine Meridiantertie (= 0,514 m) ist der 3600. Teil einer Seemeile und die Sekunde der 3600. Teil einer Stunde, so ergibt sich aus der Anzahl der gemessenen Sekunde direkt die Geschwindigkeit in Knoten. Es wird die Zeit in Sekunden ermittelt, in der das Holz die Marken passiert und daraus die Geschwindigkeit des Schiffes (Distanz durchs Wasser) bestimmt. Die Methode ist vor allem bei geringen Geschwindigkeiten (Nebelfahrten) gut anwendbar. Sie wurde zum ersten Mal schriftlich von KARDINAL CUSANUS um 1440 erwähnt.

THOR HEYERDAHL (1973, S. 209) wandte sie in ihrer einfachsten Art ebenfalls mit Erfolg an: „Spät in der Nacht machten wir bei strahlendem Mondschein eine wirklich erfrischende Fahrt. Wir maßen an Bord die Geschwindigkeit, indem wir vorn am Seitenbalken einen Span ins Wasser warfen und dann die Sekunden zählten, bis wir ihn mit dem Heck passierten. In dieser Nacht stellten wir fest, daß wir unseren privaten Fahrtrekord erreicht hatten. Für eine Strecke von der Länge des Seitenbalkens brauchten wir im Durchschnitt zwölf bis achtzehn Sekunden oder, in unserem Jargon, zwölf bis achtzehn ‚Späne'." Aus dieser Erwähnung läßt sich auch eine Verallgemeinerung ableiten. Es kam sicher nie auf Absolutwerte (Sekunden oder Meter) an, sondern man maß eben mit „Spänen", „Äpfeln" oder anderen schwimmbaren Materialien. Wichtig war nur, daß es sich jeweils um das gleiche Schiff mit der gleichen Länge und um einen einigermaßen gleichmäßig zählenden Matrosen handelte. Dadurch waren die Meßwerte untereinander komparabel.

Als Erfinder des Handlogs gilt HUMPHRAY COLE. Dies wurde in dem Buch „A Regiment for the Sea“ von WILLIAM BORNE (London 1577) publiziert. Das Handlog besteht aus einem Logscheit, das am Achterschiff ins Wasser geworfen wird. Es ist mit Blei beschwert, damit es aufrecht schwimmt und dem Wasserdruck ausgesetzt ist. An ihm ist die Logleine befestigt, ihr anderes Ende auf der Logrolle aufgewickelt. Der nach dem Logscheit folgende Vorläufer bringt zunächst diesen aus den Wirbeln am Heck heraus, um dadurch die Messung nicht zu beeinflussen. Zwei Personen halten die Logrolle, eine dritte die Loguhr (eine Sanduhr, die 14 s anzeigt) und läßt die Logleine durch seine andere Hand gleiten. Sobald die Nullmarke durch die Hand läuft, wird die Sanduhr umgedreht und nach 14 s die Logleine gestoppt. Auf der Logleine sind im Abstand von 14 Meridiantertien (etwa 7 Meter) Knoten angebracht. Ein Knoten entspricht dann einer Seemeile/Stunde und ist das Maß für die Schiffsgeschwindigkeit.

Mit der gleichen Logleine, in diesem Fall nur mit einem Stück Holz am Ende, läßt sich eine andere Meßgröße, nämlich die Abdrift (das ist die Versetzung des Schiffes durch den Einfluß des Windes), bestimmen. Die Leine wird achternschiffs geschleppt, und der Winkel der Leine mit der Kielrichtung des Schiffes (Leinenrichtung = Kielwasserrichtung) ist ein Maß für die Abdrift. Dieses Verfahren wurde im „Spieghel der Zeevaardt door“ von LUC. JANSZ. WAGHENAAR (Leyden 1584) erstmals der Öffentlichkeit bekanntgegeben, was natürlich einer früheren Anwendung nicht entgegensteht.

Winkelmeßgeräte für die Gestirnshöhenmessung

Das Astrolabium

Die Gestirnshöhe läßt sich aus dem Winkel zwischen Gestirn und Kimm (also dem natürlichen Horizont) ermitteln. Der Winkel zwischen dem scheinbaren Horizont, dessen Ebene das Lot im Beobachtungspunkt schneidet, und dem natürlichen Horizont (Kimm) wird als Kimmtiefe bezeichnet. Die Ebene des wahren Horizonts verläuft durch den Erdmittelpunkt und liegt parallel zu der des scheinbaren Horizonts.

Mit der Messung der Sternenhöhen, besser des Höhenwinkels, besteht die Möglichkeit, die geographische Breite zu ermitteln. Zu einer Ortsbestimmung im umfassenden Sinne reicht dies aber nicht aus. Es fehlt dazu die Bestimmung der geographischen Länge.

Astrolabium (griechisch = Sternfasser) war im Altertum zunächst eine Bezeichnung für die verschiedensten Winkelmeßgeräte (siehe Foto 3). Eines davon wird im ersten Handbuch der Astronomie, dem berühmten „Almagest“ von CLAUDIUS PTOLEMÄUS (83 bis 161 u. Z.) erwähnt. Geschrieben wurde dieses Buch unter der Regierung des Kaisers ANTONIUS PIUS. PTOLEMÄUS hat in diesem Werk auf langen astronomischen Traditio-

Abbildung 16
Äquatorial-Armillarsphäre von Tycho Brahe. Dieses Instrument diente schon im Altertum zur Bestimmung der Sternorte vom Festland aus. Für den Gebrauch auf See war es nicht geeignet.

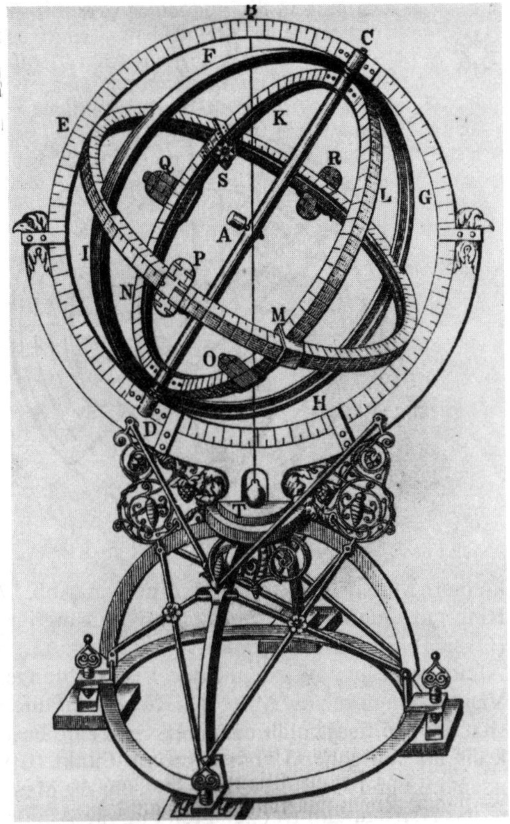

nen aufbauen können, und so finden wir darin auch Angaben des „Vaters der Astronomie", Hipparchus von Nizäa (160 bis 126 v. u. Z.). Im ersten Kapitel des fünften Buches wird die Konstruktion einer Armillarsphäre beschrieben (Ptolemäus 1963, S. 254). Das Gerät steht auf der Horizontebene, die Senkrechte darauf zeigt auf den Zenit. In einem äußeren Haltering sind die Ekliptikachse und die Himmelsachse angebracht. Weitere Teile des Gerätes sind ein Meridianring, ein Ekliptikring, ein Kolurring, ein innerer und äußerer Astrolabring und ein Diopterring. Das Gerät wurde in jüngerer Zeit auch als Meteoroskop bezeichnet (Gelcich 1892). Es wurde im Altertum von Eratosthenes verwandt und im Mittelalter unter anderem von Tycho Brahe wieder genutzt (vgl. Abb. 16).

Das Schiffsastrolabium, um 1480 von Martin Behaim verbessert, bestand zunächst aus einem großen Holzring, der später durch wesentlich

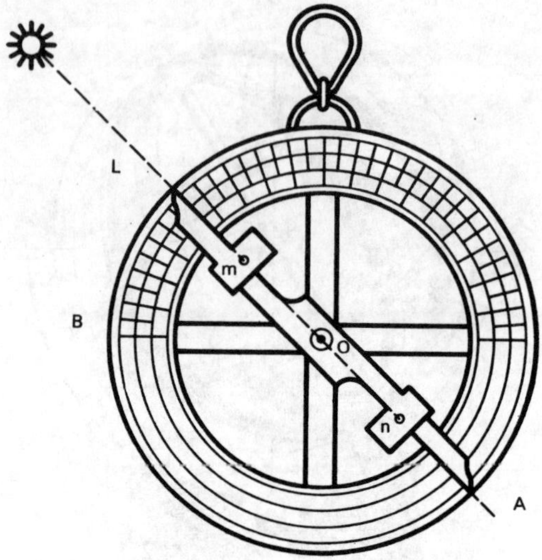

Abbildung 17
Schiffsastrolabium
(nach KÖSTER 1923)

kleinere Messingringe ersetzt wurde (vgl. Abb. 17). Es ist ein vierkantiger Ring mit Querstreben, auf deren Kreuzung im Mittelpunkt des Ringes (O) sich eine Alhidade (arabisch = Zähler; AL) um eine Achse dreht. Die Alhidade besitzt an jedem Ende Visieröffnungen (m und n), so daß alle Visierlinien durch die Mitte des Ringes verlaufen. Am äußeren Rand besitzt das Schiffsastrolabium einen Griff zum Festhalten. Der obere Halbkreis hat, ausgehend vom höchsten Punkt (0°), eine Winkeleinteilung nach links und rechts zu jeweils 90°. Für die Messung der Sternhöhe mußte das Astrolabium frei gehalten und die Alhidade solange gedreht werden, bis die Sonne durch beide Löcher scheint bzw. ein Stern durch beide zu sehen ist. Bei einer exakten und ruhigen Aufhängung ist der Höhenwinkel (L) des beobachteten Himmelsobjektes direkt ablesbar – der Winkel BOL ist die Höhe des anvisierten Zieles. GELCICH beurteilt allerdings die Anwendungsmöglichkeit an Bord ziemlich kritisch: „Dass die Beobachtung auf dem schwankenden Schiffe, selbst in einer geübten Hand, bei einem solchen Instrumente nicht genau ausfallen konnte, ergibt sich von selbst" (GELCICH 1892, S. 44). Die Bemerkung der problematischen Winkelmessung auf schwankendem Schiffsboden wird an anderer Stelle auch von PETER (1972) angeführt, kann jedoch nicht so absolut betrachtet werden. Schließlich erfordern auch die modernen Winkelmeßinstrumente (z. B. Sextanten) einen ruhigen Standpunkt, eine sichere Hand und ein scharfes Auge. Außerdem sei daran erinnert, daß auch die Handhabung einfacher Instrumente gelernt sein will, mit zunehmender Erfahrung wächst auch die Genauigkeit, die mit solchen Instrumenten erzielt werden kann. Ein heutiger Navigator, den Sextanten gewohnt, würde bei einem

„Preiswinkelmessen" mit einem alten Piloten, unter Verwendung von Astrolabium oder Jakobsstab, immer zweiter Sieger sein.

Kolumbus hatte bei seiner ersten Reise ein Astrolabium und einen Quadranten an Bord. In einer Tagebucheintragung vom 3.2.1493 liest man: „Der Polarstern erschien sehr hoch - wie bei Kap St. Vincent. Er (Columbus) konnte aber seine Höhe weder mit dem Astrolabium noch mit dem Quadranten messen, weil es das Schlingern (des Schiffes) nicht erlaubte" (zitiert nach Peter 1972, S. 67 f.). Aus einer handschriftlichen Notiz des von ihm benutzten Buches „Imago Mundi" geht jedoch der ihm gebräuchliche Umgang mit diesen Winkelmeßinstrumenten hervor: „Indem ich verschiedentlich von Lissabon nach Guinea in südlicher Richtung segelte, beobachtete ich mit Sorgfalt die Route, wie das Piloten und Seeleute zu tun pflegen, und nachmals maß ich viele Male die Höhe der Sonne mit den Quadranten und anderen Instrumenten..." (ebenda, S. 69).

Bevor die Astrolabien im Mittelalter an Bord der Schiffe bedeutender europäischer Seefahrer zu finden waren, beschäftigten sich die Araber mit ihnen. Der berühmteste Astrolabienhersteller um das Jahr 823 war Ali Ben Isa. Fragmente eines arabischen Astrolabiums sind heute noch im Islamischen Museum Berlin zu besichtigen. Es gab sehr kleine Geräte zum alltäglichen Gebrauch, besonders für die Ausübung des Islams. Mit ihnen konnten die Tageszeit (Gebetszeit) und die Richtung, in der Mekka liegt, bestimmt werden. Nach der arabischen Schrift „al-Khwarizmi" war es mit solchen Astrolabien möglich, noch zahlreiche weitere Daten zu bestimmen (Hunke 1965).

Der Seering

Der Seering entstand aus dem Astrolabium und diente ausschließlich der Sonnenbeobachtung (vgl. Abb. 18). Ihm fehlen die Querstreben und die Alhidade. Er ist oben, im Abstand von 45° vom Aufhängungspunkt, von außen nach innen kegel- und schlitzförmig aufgebohrt. Befindet sich die Sonne am Horizont (H), so zeigt der Sonnenstrahl auf der Skala im Innenkreis auf 0°, steht sie in Äquatornähe im Zenit, so zeigt der Sonnenstrahl auf 90°. Bezeichnet man den Ablesepunkt auf der Skala mit A, so ergibt sich die Höhe = $\sphericalangle HMS = \sphericalangle OMA = {}^{1}/_{2} \sphericalangle OCA$.

Durch die Teilung der Skala in 180 Teilstriche wird zudem die Meßgenauigkeit erhöht. Ein Instrument in dieser Form wurde erstmals von Nonius (1492-1577) beschrieben.

Der Quadrant

Weiterhin gehört zu dieser Gruppe von Geräten auch der Quadrant (vgl. Abb. 19). Er sollte den Seering ersetzen, wenn zum Beispiel bei einer Sonnenhöhenmessung durch wolkenverhangenen Himmel zwar die Sonne gerade noch zu sehen ist, ihre Strahlen aber nicht zur Abbildung im Seering ausreichen. Mit dem Quadranten wird die Sonne direkt anvisiert. Er besteht aus einem rechtwinkligen Kreisausschnitt aus Holz oder Metall.

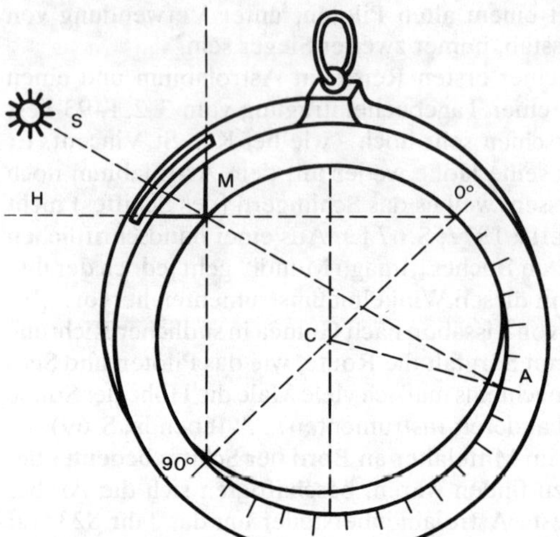

Abbildung 18
Der Seering, auch Sonnenring genannt (nach KÖSTER 1923)

Am Bogenrand befindet sich eine Gradeinteilung. Eine im Kreismittelpunkt befestigte Lotschnur reicht bis über die Gradeinteilung hinaus. Auf einem der beiden Radien befinden sich zwei Visierlöcher. Nach dem Anpeilen der Sonne zeigt der Lotfaden den Höhenwinkel an. Die Meßgenauigkeit soll 1 Grad betragen haben. Allerdings scheint die Ablesung bei Anwendung auf See nur zu zweit möglich. Während eine Person peilt, muß die andere den Winkel im richtigen Moment ablesen.

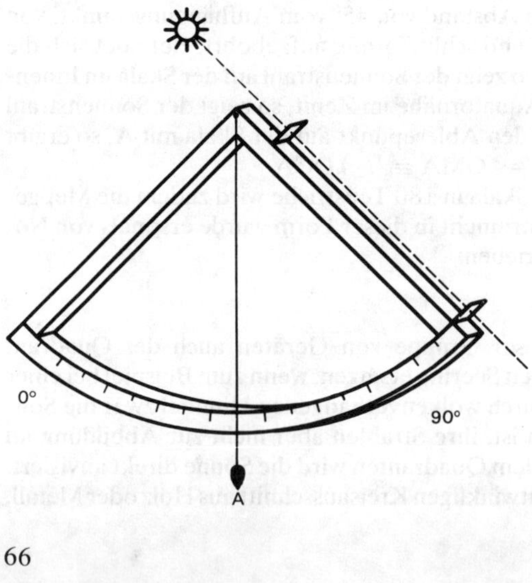

Abbildung 19
Der Quadrant
(nach KÖSTER 1923)

Auch für dieses Winkelmeßgerät gilt das bereits Gesagte. Die Meßwerte ergaben sicher nur Anhaltspunkte für die geographische Breite auf See. Die Genauigkeit war unter anderem vom Seegang, der Refraktion und dem Können des Piloten abhängig.

Der Jakobsstab

Dieses Winkelmeßgerät, auch Gradstock oder Arbalestrilla genannt, war in der Zeit der Renaissance ein wichtiges Instrument zur Bestimmung von Längen und Höhen (vgl. Abb. 20 u. 21). Es diente zum Richten der Geschütze und zur Ermittlung der Schußweite. Über die Verwendung zur geographischen Breitenbestimmung auf See gehen die Meinungen sehr auseinander. Die europäischen Seeleute verwendeten den Jakobsstab etwa seit dem 16. Jahrhundert zur Ermittlung der Sternhöhen. Parallel dazu liefen Bemühungen zur Bestimmung der geographischen Länge über die Abstandsmessungen von Himmelskörpern, doch hatten sie leider nicht viel Erfolg. Wegen der Meßprobleme, die sich auf dem gierenden und rollenden Schiff ergeben, kann der Autor der Auffassung von GLEICHMANN und WENDT (1984, S. 3) nicht voll zustimmen: „Vor der Erfindung der Spiegelinstrumente durch Hadley war der Jakobsstab das einzige Meßinstrument, welches auf einem Schiff mit hinreichender Genauigkeit zur Ortsbestimmung benutzt wurde . . . So war der Jakobsstab über drei Jahrhunderte hinweg, neben dem Kompaß, das wichtigste Instrumentarium in der Seefahrt.“ Zunächst kann man mit dem Jakobsstab keinen Ort,

Abbildung 20
Dreiecksberechnung mit Hilfe eines Winkelmeßgerätes, portugiesischer Holzschnitt von 1509 (nach BENSAUDE 1912)

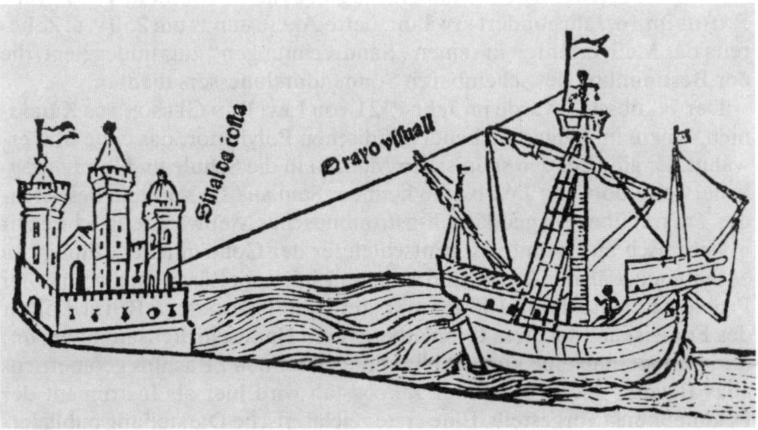

Abbildung 21
Verschiedene Anwendungsmöglichkeiten des Jakobsstabes
(nach PETER APIAN 1533)

sondern nur die Breite bestimmen. Vielfach versuchte Bestimmungen der Länge scheiterten an der Genauigkeit und dem Fehlen exakter Tabellen.

Über die Herkunft des Jakobsstabes gibt es keine Klarheit. Wie PETRUS RAMUS im 16. Jahrhundert erwähnt, hatte ARCHIMEDES um 250 v. u. Z. bereits das Meßverfahren in seinen „Sandrechnungen" zugrundegelegt, die der Bestimmung des scheinbaren Sonnendurchmessers dienten.

Der Jakobsstab wurde im Jahr 1321 von LEVI BEN GERSON aus Katalonien, einem in Avignon lebenden jüdischen Polyhistor, das erste Mal erwähnt. Er ging bei den spanischen Mauren in die Schule und lernte möglicherweise dort den Jakobsstab kennen. Sein aus 17 Kapiteln bestehendes Traktat über ein geodätisch-astronomisches Meßwerkzeug schrieb er in hebräisch und nannte es „Entschleierer der Geheimnisse". Ihm ist zu entnehmen, daß der Jakobsstab in erster Linie zum Lösen astronomischer Probleme diente. Etwa 100 Jahre später legte THEODORICH RUFRI, Lektor des Franziskanerklosters Gronenberg, eine Handschriftensammlung an; darin findet man eine kurze Abhandlung über den „Baculus geometricus alias Baculus Jacob", und der Jakobsstab wird hier als Instrument der Feldmeßkunst vorgestellt. Eine erste zeichnerische Darstellung publizier-

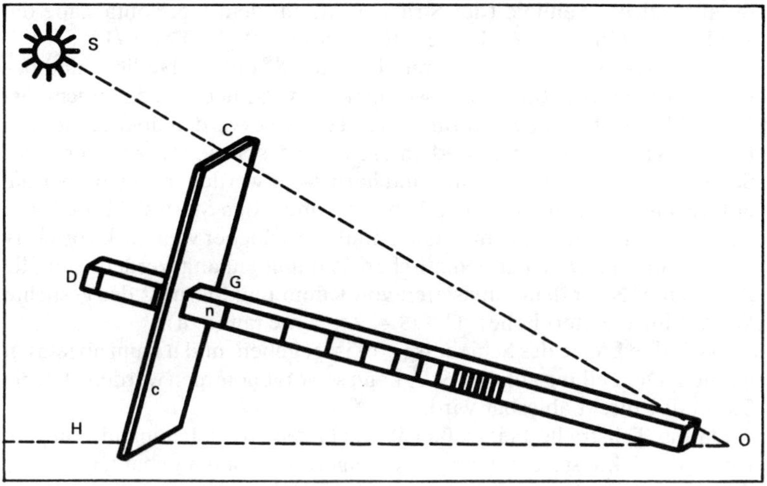

Abbildung 22
Berechnungsschema für den Jakobsstab

te Hans von Kulmbach im Jahre 1502, und aus dem Jahr 1514 stammt der Vorschlag von Johannes Werner, das Gerät zur Bestimmung der geographischen Länge über die Ermittlung der Monddistanzen einzusetzen. Er trug auch die Winkelangaben direkt auf dem Längsstab ab, und damit entfiel für den Beobachter das umständliche Rechnen. Peter Apian aus Ingolstadt fertigte 1533 die erste ausführliche Beschreibung des Meßgerätes in seinem Werk „Das Instrumentenbuch" an. Im Jahre 1535 wird es wieder von Jacob Köbel in dem Werk „Geometrei" als „Kreuzstab des heiligen Jacobus" erwähnt.

Inwiefern der Jakobsstab auf die Araber zurückzuführen ist, bleibt ungeklärt. Während Debenham (1960, S. 209) dies für wahrscheinlich hält, stellen andere Autoren es wieder in Zweifel.

Aus einer Handschrift des Spaniers Ferdinand Oliver de Sancta Columba „Ars nautica", die zwischen 1550 und 1560 angefertigt wurde (Schück 1913, S. 6), geht eine exakte Bauanleitung für die „kleine Armbrust der Seeleute" hervor. Dem Benutzer wird dann empfohlen: „Das bei dir befindliche Ende bringe an dein Auge, während du den übrigen Teil des Jakobsstabes zum Horizont (zur Kimm) richtest; dann ziehe den Schieber auf dem Horizontalstabe hin und her, bis du an jenes Spitze das Gestirn siehst, welches du beobachtest. Sobald das Gestirn erblickt und das Werkzeug waagerecht über den Horizont (die Kimm) gebracht ist, wird die vordere Seite des Schiebers, selbstverständlich die dir zugekehrte, auf welcher Sehlinie (der Strahl) ruht, auf dem Horizontalstabe die Zahl der Zenithdistanz oder der Höhe angeben“ (Schück 1913, S. 6).

Dieses Navigationsgerät ist mit einfachen Mitteln herstellbar und besteht aus einem Stab, an welchem ein Schieber angebracht ist (vgl. Abb. 22). Für die Ermittlung der Sternhöhe werden über das untere Ende des Stabes die obere und untere Ecke des Schiebers anvisiert. Der Schieber muß nun solange hin- und herbewegt werden, bis man über die untere Visierlinie die Kimm und über die obere den Stern sieht. Befindet sich ein Stern nahe der Kimm, dann muß der Schieber weit nach vorn verlagert werden. Den mathematischen Zusammenhang verdeutlicht die Abbildung. Nach dem Anvisieren von Kimm und Stern ist der gesuchte Winkel für die Sternhöhe: $\sphericalangle HOS = 2\alpha = \arctan (c:n)$.

Die halbe Länge des Schiebers (= c) ist gegeben, und n kann abgelesen werden. Die Teilung auf dem Stab kann so vorgenommen werden, daß die Sternhöhe direkt ablesbar wird.

Da die Teilstriche bei großen Winkeln sehr nahe beeinander liegen, wurde der Jakobsstab mit einem verlängerten Schieber gebaut, der allerdings auch eine andere Teilung des Hauptstabes erforderlich macht. Es gab Geräte, die bis zu drei verschiedene Schieber und Teilungen besaßen. Eine weitere Verbesserung konnte durch ein paralleles Anordnen von zwei Stäben nebeneinander erreicht werden. War das zu beobachtende Gestirn die Sonne, so visierte man vom Augende des Stabes über die untere Ecke des Schiebers den Meereshorizont an und verschob dann unter Festhaltung dieser Gesichtslinie den Schieber so weit, bis der obere Sonnenrand an der oberen Ecke des Schiebers erschien. Auf diese Weise wurde das Auge geschützt. Schließlich wurden Jakobsstäbe am unteren Ende des Stabes mit einem Diopter, einer Visiereinrichtung aus Blende und Zielmarke, versehen. All diese Veränderungen stammen jedoch aus jüngerer Zeit.

Die Meßfehler entstehen vor allem dadurch, daß das Auge nicht genau am Stabanfang liegt und der Schieber nicht genügend ruhig gehalten werden kann. Über die Meßgenauigkeit gibt Köberer (1982, S. 184) Auskunft: „. . . keine Breitenangabe ist mehr als ein Grad vom wahren Wert entfernt, die meisten weniger als 25 Minuten. Das ist erstaunlich, wenn man diese Angaben etwa mit dem eine Generation früher gefertigten Behaim-Globus vergleicht, der Breitenfehler von rund 15-20 Grad aufweist.“

In der Geschichte der frühen Navigation spielt der Jakobsstab eine geringe Rolle. Er geriet zu einer Zeit in Gebrauch, in der die engen Bindungen der Seeleute zur Natur schon abgeschwächt waren und alle möglichen Hilfsmittel und Verfahren auf ihre Eignung zur Kurs- und Distanzbestimmung untersucht wurden. Doch bereits Nonius (zitiert nach Peter 1972, S. 69 f.) sieht die Verwendung ziemlich kritisch: „Die Seeleute bedienen sich des Kreuzstabes, um die Höhe des Polarsternes über dem Horizont festzustellen. Aber es ist ziemlich schwierig, so die genaue Höhe zu finden. Dennoch ist dieser Kreuzstab das geeignete Instrument, um den Abstand zwischen zwei Sternen zu bestimmen, deren Abstand kleiner ist als ein Viertel des Vollkreises.“ So hat auch KOLUMBUS, entgegen zahlreichen Abbildungen, auf denen der Entdecker mit diesem Gerät in der Hand zu sehen ist, nachweisbar keinen Jakobsstab an Bord seiner Schiffe gehabt. Zur Bedeutung dieses Navigationshilfsmittels sagt KARL PETER folgendes (ebenda, S. 71): „Im übrigen ist der Jakobsstab, zumal auf schwankender Plattform, sehr schwierig zu bedienen, da man gleichzeitig mit einem Auge über den verschiebbaren Kreuzteil auf das Gestirn und auf den Horizont ‚schielen‘ muß.“ Oftmals wurden Winkelmessungen auch durch Astronomen an Land durchgeführt, dann mit höherer Genauigkeit.

Parallel zur Weiterentwicklung nautischer Geräte benötigten selbstverständlich auch die Navigatoren eine immer umfassendere Ausbildung. So kam es schon im Jahre 1438 in Sagres zur Einrichtung einer Schule für Steuerleute. Initiator war Don HENRIQUE, Herzog von Viseu.

Viele, für die Seefahrt nützliche Instrumente und Methoden waren zuerst auf dem Festland in Gebrauch. Darüber berichtet das nächste Kapitel.

Erfahrungen und Hilfe vom Land

Nach der Beschreibung wichtiger nautischer Instrumente, die mit mehr oder weniger Erfolg angewandt wurden, wollen wir zunächst wieder einen Blick zurück in die Zeit der Antike werfen. Bevor Menschen Ortsbestimmungen und Vermessungen auf See versucht haben, taten sie dies auf dem Festland.

Es war der gestirnte Himmel, der den Menschen schon vor Jahrzehntausenden faszinierte. Sehr bald wurden in den Bewegungen der Sterne Gesetzmäßigkeiten erkannt und von den Menschen genutzt. Beweise dafür finden sich auf allen Kontinenten. In der DDR ist es eine Steinkreisanlage nahe des Ortes Boitin (Kreis Bützow, Bezirk Schwerin). Hier haben Menschen vor etwa 3 000 Jahren vier Steinkreise errichtet, mit denen sie über verschiedene Visierlinien Himmelsbeobachtungen durchführten und wahrscheinlich auch Kalenderdaten ableiteten. Das Foto 4 zeigt einen Teil des sogenannten „Großen Steintanzes" mit den größten Steinen.

Landvermessungen in der Antike

Welche Meisterschaft der Mensch darin schon vor Jahrtausenden entwikkelte, soll im folgenden gezeigt werden. Die bemerkenswerte Zusammenstellung der Indizien ist einer Arbeit von H. Minow (1976) zu verdanken. Bereits während der Blütezeit der griechischen Kultur sind terrestrische Großvermessungen durchgeführt worden, die man bis vor kurzem in dieser Zeit für unmöglich gehalten hätte. Daß hier natürlich auch Erklärungsmöglichkeiten für die ungelösten Rätsel alter Erdkarten zu finden sind (Hertel 1985), soll nicht unerwähnt bleiben.

Keimzelle im weitesten Sinne, mindestens für den europäischen Bereich, waren zweifellos die um das Mittelmeer gelegenen Länder. Hier entstanden bedeutende Hochkulturen, wie in Ägypten, den griechischen Stadtstaaten und später im Römischen Reich. Das Mittelmeer wurde zum

Treffpunkt der Händler, Entdecker und Seeräuber aus den Anliegerstaaten. Diese Begegnungen führten, wenn auch oft ungewollt, zur Weitergabe von Vermessungskenntnissen.

Die Anfänge in diesem Teil der Welt lassen sich bis in das Mittlere Reich der Ägypter (20. bis 16. Jahrhundert v. u. Z.) zurückführen. Dies läßt sich durch Inschriften am Kiosk SESOSTRIS I. in Theben (Karnak) nachweisen. Auf einer dort befindlichen Liste sind alle ägyptischen Bezirke mit ihren jeweiligen Flächeninhalten sowie die gültigen Längenmaße und ihr Verhältnis zur Normal-Elle aufgeführt. „Schließlich wird die Gesamtlänge Ägyptens mit 106, die Teilstrecken Elephantine - Roda mit 86 und Roda - Behedet mit 10 Iteru angegeben. Ein Iteru entspricht dem griechischen Schoinos und umfaßte wahrscheinlich 10 000 Ellen, also ca. 10,5 km. Die Gesamtlänge Ägyptens, offenbar als offizielles Maß, hätte demnach 1 113 km betragen (das entspricht der heutigen Nord-Süd-Ausdehnung, d. Verf.). Ebenfalls in Karnak zeigt der untere Relief-Fries an der Nordwand der großen Säulenhalle des Amun-Tempels eine 180 km lange Wegstrecke durch die Wüste von Tjel beim Wadi Tumilât am Suezkanal bis nach Raphia im heutigen Gaza-Streifen. Dieses Wegverzeichnis stammt aus der Zeit um 1300 v. Chr. und besteht aus einer Aufzeichnung von Orten in bestimmter Reihenfolge. Die Marschroute ist durch zahlreiche kleine befestigte Plätze, die zum Schutz der Brunnen bestimmt waren, namentlich gekennzeichnet" (MINOW 1976, S. 84).

Der deutsche Geodät VON DER ESCH entdeckte in der Bischari-Wüste (im Norden Sudans) steinerne Wegzeichen (Alamate), die er als Festpunkte eines antiken Vermessungswesens ansah. In einer Art Polygonzug waren die Karawanenwege zu den Bergwerken dargestellt. VON DER ESCH vermutete, daß die erforderlichen Richtungswinkel mit einem Gerät, ähnlich der Dioptra des HERON, gemessen und die dazugehörige Strecke ermittelt wurde, um den Anmarschweg wiederzufinden.

Während die Griechen, insbesondere durch ihre Philosophen, über die Gestalt der Erde nachsannen, waren die Römer viel mehr an den praktischen Resultaten der Vermessungskunst interessiert. Immer dann, wenn es galt, Kolonien oder Städte zu gründen, traten erfahrene Feldmesser auf den Plan. Sie arbeiteten mittels der Centuriation, einer Methode, bei der jedes Gebiet in gleich große Flächen unterteilt wurde, denen die Einheit „iugerum" zugrunde lag. Es entstand so ein rechtwinkliges Gitternetz. In dieses Netz wurden Straßenzüge, aber auch außerhalb des Ortes liegende Gebiete, eingetragen. Diese Flurkarte (Forma) wurde später in Stein oder Metall geritzt und auf dem Forum der betreffenden Ortschaft aufgestellt. Eine leinerne Kopie (Mappa) wurde in Rom archiviert. Von der Forma der Hauptstadt Rom, die SEPTIMUS SEVERUS (146 bis 211 u. Z.) in Marmorplatten gravieren ließ, sind noch Teilstücke erhalten.

Auch beim Limes kann man Beweise für die Vermessungskunst der Römer finden. So weicht ein über 81 Kilometer langes Teilstück des obergermanischen Limes (etwa um 150 u. Z. erbaut) trotz des unebenen Geländeverlaufes nur wenig von der genauen Geraden ab. Die Absteckung geschah mittels einiger hochgelegener Hauptpunkte, die man nachts unter Verwendung von Lichtzeichen ausrichtete. Die Liniengenauigkeit betrug ± 2 Meter!

Auf Basis der vermessenen Gebiete des Römischen Reiches wurden Karten hergestellt, deren Genauigkeit uns heute überrascht. Die heute noch zahlreich vorhandenen sehr exakten Seekarten (Portolane) lassen auf großräumige Vermessungen in der Antike schließen. „Großräumige Vermessungen aber setzen eine umfassende Organisation, von einer zentralen Stelle aus geleitet, sowie spezielle wissenschaftliche und praktische Kenntnisse voraus. Eine einheitliche politische Verwaltung existierte im Mittelmeergebiet - das römische Imperium; dazu kam Alexandria mit seinem wissenschaftlichen Zentrum. Die theoretische Planung der Aufgabe könnte bei den Alexandrinischen Gelehrten gelegen haben, während die örtlichen Vermessungen von Menschen verschiedener Bildungsgrade und Herkunft durchzuführen waren. Die Blüte der Wissenschaften in der Zeit des Hellenismus und die lange Friedenszeit im Römischen Reich begünstigten ein solches Vermessungsvorhaben in vielfacher Weise. Denn Handel, Verwaltung und Militär benötigten genaue Karten. Es ist daher denkbar", schreibt Minow abschließend (1976, S. 91), „daß sich hellenistisch theoretische Gelehrsamkeit und römische Vermessungspraxis vereinigt und so das Unternehmen ‚Großvermessung im Imperium Romanum' durchgeführt haben."

Tag- und Nachtzeichen für die Küstennavigation

Die Geschichte der Landmarken als Orientierungs- und Navigationshilfen für die Ortsbestimmung beginnt nicht erst mit dem Bau von Leuchttürmen, sondern bereits bei der Nutzung natürlicher Landmarken. Darunter versteht man Relief und Aussehen der Küste, markante Punkte der Flora und bestimmte geologische Erscheinungen (Vulkane, Geysire). Die von den Menschen geschaffenen Objekte der Landschaft (bronzezeitliche Grabhügel am Meer, Kirchtürme, Kreuze, Feuerstellen von Siedlungen usw.) sind Landmarken, die von der Seefahrt „nachgenutzt" werden, da sie ursprünglich nicht zum Gebrauch für die Seefahrer geschaffen wurden.

Nach einer Idee oder einem Ausgangspunkt für die Nutzung von Landzeichen zu fahnden, ist sicher überflüssig. Jeder Seefahrer, der an Bord eines Schiffes seinen Heimathafen verläßt, wird sich, bis er das Land aus den Augen verliert, noch mehrmals nach ihm umdrehen. Er sieht einen großen Baum oder die Spitze eines Berges und prägt sie sich als letzte heimatliche Botschaft ein und hofft, sie bei der Heimkehr wiederzufinden. In logischer Fortsetzung der Entwicklung entstand bei Seeleuten, die solch markante Punkte an ihrer Küste nicht besitzen, die Idee, eine künstliche

Landmarke zu schaffen. Irgendwo und irgendwann, Jahrtausende vor Beginn unserer Zeitrechnung, hat dann ein Mensch zum ersten Mal ein bescheidenes Bauwerk, das erste künstliche Seezeichen, errichtet. Solch ein Seezeichen konnte aus einem Steinhaufen, einer Holzstange oder einer zeichnerischen Darstellung, wie sie in der Bucht von Pisco (peruanische Pazifikküste) in Form eines dreiarmigen Kandelabers von 250 Meter Höhe zu finden ist, bestehen (siehe Foto 5).

Sicherlich ist das Entstehen künstlicher Landmarken eng mit dem Ausbau großer Häfen verbunden. Leider gibt es wenig Nachrichten über die Beschaffenheit der Häfen großer Kulturvölker der Vergangenheit. Erst von den Phöniziern (2000 bis 900 v. u. Z.) wissen wir, daß sie Meister des Hafenbaus waren. Die beiden Seestädte Sidon und Tyrus besaßen große Häfen, ebenso die bedeutenden griechischen Seestädte Methone und Samos (Errichtung des Hafens von Samos unter POLYKRATES, der von 540-523 v. u. Z. regierte). Der Hafen Roms liegt an der Tibermündung bei Ostia und wurde in der Regierungszeit des Kaisers TRAJANUS (98-117 zu einer riesigen und mustergültigen Anlage ausgebaut (NEUBURGER 1919, S. 512). Der innere Hafen hatte die Form eines Sechsecks mit einer Wasserfläche von 235 000 m^2 und einer Tiefe von sechs Metern. Die Kais waren insgesamt fast zwei Kilometer lang. Hier entstand auch, wahrscheinlich während der Regentschaft des Kaisers CLAUDIUS (41-54), der erste befeuerte Leuchtturm der Welt überhaupt. SUETON (zitiert nach HENNIG 1928) schrieb: „Den Hafen von Ostia erbaute er */CLAUDIUS, d. Verf./*, nachdem er rechts und links einen Seitendamm herumgeführt und am Eingang, da der Ankerplatz schon tief war, eine Mole vorgelegt hatte: um diese fester und dauerhafter zu machen, versenkte er vorher das Schiff, auf dem der große Obelisk aus Ägypten herangeschleppt worden war, und errichtete über den zusammengetragenen Steinpfeilern einen sehr hohen Turm nach dem Vorbild des Pharos von Alexandria, damit die Schiffe nach einem nächtlichen Feuer ihren Lauf richten konnten."

Doch schon viele Jahrhunderte vorher gab es künstliche Landmarken, die dem Seefahrer allerdings nur am Tage den Weg weisen konnten. Zwei von ihnen zählen zu den Sieben Weltwundern der Antike; der Pharos von Alexandria und der Koloß von Rhodos (vgl. Abb. 23).

Wahrscheinlich am Ende der Mole des Hafens von Rhodos, auf der gleichnamigen Insel gelegen, schuf der Bildhauer CHARES aus Lindos von 302 bis 279 v. u. Z. eine Riesenstatue, die nach verschiedenen Angaben 70 Tonnen schwer und zwischen 30 und 40 Meter hoch gewesen sein soll. Dabei wurden die einzeln gegossenen Teile aneinandergeschweißt und zur Stabilisierung ein Innengerüst aus Eisen und Mauerwerk errichtet. Die Füße des Kolosses waren zur Erhöhung seiner Standfestigkeit mit Felsbrocken gefüllt. Nach jüngsten archäologischen Forschungsergebnissen steht nunmehr fest, daß die Figur, den Sonnengott Helios darstellend, niemals mit gespreizten Beinen auf den beidenMolenenden stand, so daß die Schiffe unter ihr durchfahren mußten. Der Koloß stand mit geschlos-

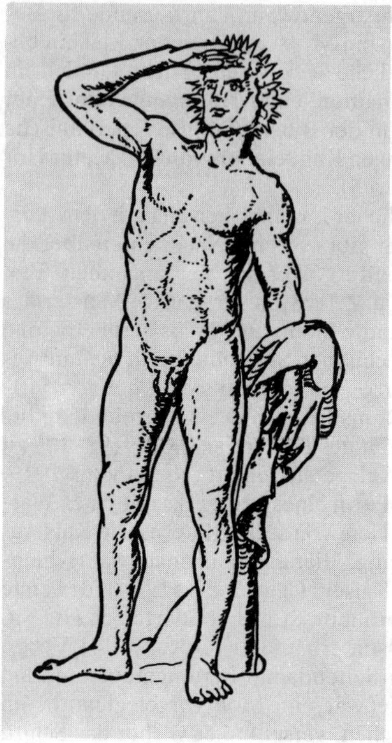

Abbildung 23
Mögliches Aussehen des Kolosses von Rhodos (nach EKSCHMITT 1984). Der Koloß - ein Tagzeichen für die Seefahrt und Weltwunder der Antike - war etwa 30 Meter hoch. Die Figur stand mit geschlossenen Beinen da. Der linke Arm war auf einen mit einem Mantel verdeckten Baumstamm gestützt.

senen Füßen da, den linken Arm auf einen Baumstamm gestützt, der ein Abbrechen der Figur verhindern sollte und der durch einen darüberhängenden Mantel verhüllt war. Diese Haltung war für die Zeit charakteristisch und zeigte den Körper in reicherer Bewegung. Die rechte Hand war stark abgewinkelt, so daß die Finger lose am Kopf anlagen - eine beliebte griechische Ruhehaltung.

In dieser Form war das Weltwunder für die Schiffahrt ein Tagzeichen, und es gibt keine Berichte, die von einer Befeuerung sprechen, ganz abgesehen davon, daß der Künstler für die dazu notwendige technische Ausrüstung keinen Platz vorgesehen hatte. Sicher ist man hier eine Verknüpfung zwischen künstlerischer Gottesverehrung und praktischen Seefahrtsbelangen eingegangen.

Durch ein starkes Erdbeben im Jahr 227 v. u. Z. stürzte der Koloß ein. Nachdem das Orakel von Delphi von einem Wiederaufbau abriet, blieben die Trümmer liegen. Im 7. Jahrhundert u. Z. verkauften die damaligen Herren der Insel, die Araber, die Trümmer der Statue an einen jüdischen

Kaufmann aus Odessa, und so wurde der Sonnengott am Festland auf 900 Kamele verladen und schließlich eingeschmolzen.

Viele Seiten der Fachpublikationen füllt der insbesondere von HENNIG (1928) geführte Streit, ob es denn schon lange vor Beginn u. Z. befeuerte Türme als Landzeichen für die Seefahrt gegeben hat. Die Ermittlungen sind nur auf der Basis antiker Aufzeichnungen möglich, und da läßt sich leider durch entsprechende „Übersetzung" manches mehrfach deuten. So kann man in HOMERS *Odyssee* (800 v. u. Z.) lesen:

> „Schon durchsegelten wir neun Tag' und Nächte die Wogen;
> Und in der zehnten Nacht erschien uns das heimische Ufer,
> Daß wir schon in der Nähe die Feuerwachen erblickten"

(HOMER o. J., X 28).

Den gegenteiligen Effekt hatten sicher die Signalanlagen, von denen die *Ilias* (HOMER, o. J., XVIII 209 und XIX 375) berichtet, denn wer weiß schon, ob nur Freunde und Mitkämpfer die Signale sehen:

> „Jene den ganzen Tag, im Kriegsgraun sich versuchend,
> Kämpfen aus ihrer Stadt; doch sobald die Sonne sich senket,
> Brennen sie Reisgebund auf Warten umher, und es leuchtet
> Hoch der steigende Glanz, daß Ringsumwohnende schauen;
> Ob vielleicht in Schiffen des Streits Abwehrer herannahn:"

In der *Ilias* ist weiterhin zu lesen:

> „Wie wenn draußen im Meere der Glanz herleuchtet den Schiffern,
> Vom auflodernden Feuer, das hoch auf den Bergen entflammet
> Brennt in einsamer Hürd'; indes mit Gewalt sie der Sturmwind
> Fern in des Meeres fischwimmelnde Flut von Freunden hinwegträgt."

„Leuchtfeuer sind stets ein Kennzeichen hochentwickelter Kultur und reger Handelsschiffahrt", schreibt HENNIG (1928, S. 127) und übersieht dabei wohl, daß es vom einfachen Reisigfeuer auf einer Bergkuppe bis zum ersten Leuchtturm ein weiter Weg war. Die Menschen haben immer versucht, ihre Probleme differenziert und mit geringem Aufwand zu lösen. Natürlich konnten es sich ein paar arme Fischerfamilien nicht leisten, einen Leuchtturm zu bauen und zu unterhalten, doch spricht dies nicht gegen die Verwendung des Feuers zur Orientierung der Schiffe lange vor Beginn u. Z. Diese frühen Leuchtfeuer wurden immer nur dann in Betrieb gesetzt, wenn bei Nacht und Nebel die Rückkehr eines Schiffes zu erwarten war. Sie waren nicht stationär und galten nur bestimmten Schiffen zu bestimmten Zeiten. So war es möglich, daß Leuchtfeuer für verwerfliche Absichten mißbraucht werden konnten. HYGINUS berichtet zu Beginn u. Z. in einer seiner Fabeln von einer solchen Geschichte (zitiert nach HENNIG 1928, S. 128): „Nauplios trug, gleichsam als beabsichtigte er, ihnen Hilfe zu bringen, eine brennende Fackel an den Ort, wo spitze Riffe und die gefährlichen Stellen zu finden waren. Jene glaubten, dies geschehe aus Menschenfreundlichkeit und lenkten dorthin ihre Schiffe; infolgedessen scheiterten die meisten Schiffe."

Das erste große Tagzeichen, welches Jahrhunderte nach seiner Errichtung dann auch befeuert wurde, war der Leuchtturm auf der Insel Pharos vor Alexandria - Vorbild aller Leuchttürme der heutigen Zeit und eines der Sieben Weltwunder der Antike (siehe Foto 6). Von ihm berichten die Schriftsteller jener Zeit. STRABO schreibt im Jahre 24 v. u. Z. über seinen Besuch des alexandrinischen Hafens: „Die Spitze der Insel selbst ist ein umbrandeter Fels, der einen wunderbar angelegten, vielstöckigen, mit der Insel gleichnamigen Turm aus weißem Marmor trägt. Ihn errichtete Sostratos aus Knidos, ein Freund der Könige, Alexanders und seiner Nachfolger, den ‚Schiffern zum Heil', wie die Inschrift besagt. Denn da die Küste zu beiden Seiten hafenlos und flach ist, auch der Untiefen und Riffe nicht entbehrt, bedurfte es für die zu Wasser ankommenden eines Kennzeichens, und zwar eines hohen und gut sichtbaren, damit sie die Hafeneinfahrt gut finden konnten" (zitiert nach HENNIG 1928, S. 134). Zu dieser Zeit scheint der Turm noch nicht befeuert gewesen zu sein. Erst PLINIUS D. J. berichtet im Jahr 77 u. Z. über die Insel Pharos, die jetzt durch ein nächtliches Feuer, das sich auf dem Turm befindet, den Lauf der Schiffe regelt. Nach Analyse der Schriftquellen kann angenommen werden, daß der Zeitpunkt für die Umstellung auf Feuer zwischen 41 und 65 u. Z. gelegen haben muß.

SOSTRATOS aus Knidos baute von 299 bis 279 v. u. Z. an diesem Weltwunder. Die Baukosten betrugen 800 Talente, nach anderen Angaben das Dreifache. Es wird wohl damals auch schon so gewesen sein, daß nicht nur der Bau, sondern auch die Investkosten in Höhe wuchsen! Der Pharos ist der erste freistehende Turmbau der Antike. Er besaß im Innern als Aufgang eine bequeme und breite Rampe. Ein durchgehender Schacht in der Mitte diente als Aufzug für verschiedene Materialien, später vor allem Brennstoffe (Holz, Pech und evtl. Petroleum). An der Außenseite des Turmes gab es viele Kammern, die vom Aufgang aus durch Türen zugängig waren. Die Kammern hatten nach außen Fenster. Sie dienten der Beobachtung des Meeres und standen den berühmten Astronomen und Mathematikern der Alexandrinischen Universität zu Studien und Versuchen zur Verfügung. Der etwa 110 m hohe Pharos blieb bis zum Ende des 8. Jahrhunderts u. Z. unverändert erhalten. 796 erschütterte ihn ein Erdbeben, doch die Araber, sie hatten 644 Ägypten erobert, reparierten die Schäden. An der Wende des 11. zum 12. Jahrhundert wurde aus dem Leuchtturm ein zweigeschossiger Bau mit einer Moschee, die teilweise auch noch befeuert wurde. Einhundert Jahre später war der Pharos eingestürzt, bis ihn ein Erdbeben im Jahre 1326 endgültig zerstörte und schließlich im Jahr 1477 aus seinen Trümmern die Festung Kait Bay entstand. Sie ist in ihren wesentlichen Teilen bis heute erhalten geblieben und birgt in ihrem Inneren noch Bauteile des alten Pharos.

Aus dem Altertum sind heute noch etwa 30 Leuchttürme bekannt. Dazu zählen der Turm von Boulogne (das alte Gesoriacum), der unter der Regentschaft von Kaiser CALIGULA (37-41 u.Z.) begonnen und unter Kaiser CLAUDIUS im Jahre 46 vollendet wurde. Er bestand aus 12 Stockwerken und war 64 Meter hoch.

In Dover Castle (Straße von Dover) steht noch die Ruine eines dreistöckigen Stufenturmes aus dem Jahr 50 u.Z. Die alten Leuchttürme in Dover Castle und in Boulogne wurden auf Anordnung von KARL DEM GROSSEN im Jahre 811 u.Z. wieder neu befeuert. Er ließ die Schiffe nach einer Methode navigieren, die ELLMERS (1981) als „Nachtsprung" bezeichnet. Ihr Prinzip beruht darauf, daß der Pilot unter Beibehaltung eines festen Winkels zum Polarstern ohne Schwierigkeiten geradeaus fahren kann. Er muß nur dafür sorgen, daß dieser Stern stets über der gleichen Stelle des Bootes oder Schiffes zu sehen ist. Weiterhin kommt es darauf an, daß man beim Verblassen des Polarsternes in der Morgendämmerung die Gegenküste zumindest an einer Stelle sehen kann. Dann wird der Kurs nach diesem Fixpunkt festgelegt. Für die Anwendung der Methode sind nur zwei Voraussetzungen erforderlich: Klarer Himmel und eine solche Distanz, die man in einer Nacht überwinden kann. Neben KARL DEM GROSSEN wurde der „Nachtsprung" von weiteren Seefahrern nachweislich genutzt. Der römische Imperator CÄSAR fuhr am 26. August des Jahres 55 v.u.Z. zwischen 0 und 3 Uhr früh vom Kontinent los und erreichte die britische Küste gegen 10 Uhr vormittags. Die Distanz betrug 28 Seemeilen. CÄSAR ließ seine Schiffe prinzipiell nur nachts über den Kanal fahren.

Im Jahr 1066 hatte WILHELM DER EROBERER aus allen Küstenplätzen seines normanischen Herrschaftsbereiches die Schiffe an der Somme-Mündung zusammengezogen und wartete auf günstiges Wetter - 46 Tage umsonst! Dann drehte sich der Wind, und der Himmel klarte auf.
In der Nacht vom 27. zum 28. September konnten die 55 Seemeilen bewältigt werden. Die 12 Nachtstunden reichten ihm aus, um in Sichtweite der Küste zu gelangen. 1075 fuhr ADOLF VON BREMEN mit dieser Methode von der Nordspitze Jütlands nach Norwegen. Hier ist das Meer so schmal, daß kleine Boote bei Nacht hinübergelangen können. „Gegenüber der rein terrestrischen Navigation, bei der man nur in Sichtweite der Küsten bzw. Seeufer fahren konnte und auf das Tageslicht angewiesen war, bildete der Nachtsprung den ersten entscheidenden Fortschritt, das erste wagemutige Sich-lösen von der Küste, um ein nicht sichtbares Ziel unter sicherer Führung eines Sternen zu erreichen", schreibt ELLMERS (1981, S. 153). Die beiden genannten Leuchttürme erweiterten den Gesichtskreis und erhöhten damit den Sicherheitsfaktor für die Erreichung des anderen Ufers.

Den einzigen aus dem Altertum erhalten gebliebenen Leuchtturm findet man in La Coruña an der Nordwestküste Spaniens. Unter Kaiser TRAJANUS errichtet, war er etwa 40 Meter hoch, hatte einen quadratischen

Grundriß und war außen von einer frei tragenden Treppe umgeben. 1797 wurde er restauriert und erhielt seine heutige Form (siehe Foto 7). Dieser Leuchtturm ist seit seinem Bau ununterbrochen in Betrieb und weist nun schon fast zwei Jahrtausende den Schiffen die Richtung. Sogar die namentliche Folge der Leuchtturmwärter ist bekannt. Schon dieser Turm vermittelt eine Vorstellung von der Großartigkeit und Einmaligkeit des Leuchtturms auf der Insel Pharos.

„Dieser Leuchtturm, an einem damals bedeutungslosen, höchstens als Nothafen anzusprechenden Platz ohne Hinterland, legt den Schluß nahe, daß in der Kaiserzeit Leuchtfeuer für alle antiken Küstenplätze von Bedeutung vorhanden waren. Ihre Befeuerung ist in der Hauptsache mit Holz geschehen, das anfangs in eisernen Körben, später in gemauerten Schachtherden verbrannt wurde. Die Tragweite der alten Feuer erreichte kaum mehr als 5 - 6 Seemeilen, d. h. i. m. 10 km, was bei der langsamen Schiffahrt jener Zeit jedoch ausreichend war. - Mit der Vernichtung der antiken Kultur durch die Völkerwanderung sind die Leuchtfeuer des weströmischen Reiches erloschen“, schreibt BUCHWALD (1931, o. S.).

Der nachweislich erste mittelalterliche Leuchtturm entstand 1147/48 vor der Arnomündung auf der kleinen Insel Meloria. Es folgten: 1220 das Feuer von Falsterbo (Südwestspitze Schwedens, errichtet von der Hansestadt Lübeck), 1226 Feuer von Travemünde (erst zu diesem Zeitpunkt nachweisbar, wohl schon etwas früher in Betrieb), 1286 Feuer von Neuwerk (angelegt von Hamburg), 1304 Feuer von Livorno, 1306 Feuer auf Hiddensee, 1323 das erste englische Feuer von St. Catherine‘s Point (Südspitze der Isle of Wight) und 1326 das Feuer von Genua.

Aus der Geschichte der Leuchtfeuer läßt sich schlußfolgern, daß in der Frühzeit der Schiffahrt bei Bedarf angezündete Feuer für die Orientierung der Seeleute ausreichend waren. Erst mit zunehmender Verkehrsdichte auf den Weltmeeren wurden solche stationären Leuchtfeuer notwendig und rentabel, die Tag und Nacht in Betrieb waren. Sie und die anderen festen und schwimmenden Seezeichen sind heute aus dem Seeverkehr nicht mehr wegzudenken.

Jetzt ist der Leser über die Geschichte der Navigation soweit informiert, daß ihm eine Beurteilung der navigatorischen Leistung der europäischen Seefahrer bei der Entdeckung der Neuen Welt möglich sein wird.

Erstes Exempel: Kolumbus fand sein „Indien“ - Mühen und Erfolg im Licht der Öffentlichkeit

„Wenn heute ein tollkühner Pilot sich entschlösse, nach dem Mars zu fliegen, die Reise auch anträte, auf dem Weg aber einen bisher unbekannten Planeten entdeckte und mit der Kunde von diesem neuen Stern zurückkehrte, von fremdartigen Menschenwesen und nie gesehenen Tieren und Pflanzen Nachricht brächte, die in einer fremdartigen Atmosphäre gedeihen, von Ausmaßen und Größenverhältnissen, die alles, was das Auge bisher gewohnt gewesen, zwerghaft erscheinen ließe: so wäre die Revolution der Menschheitsphantasie ungefähr die nämliche, die damals die Entdeckung des Columbus hervorrief. Denn das und nichts anderes ist es, was sie zunächst bewirkte: Revolution der Phantasie“, schrieb Jakob Wassermann im Jahre 1929 (1981, S. 9).

Kolumbus gilt allgemein als der Entdecker Amerikas. Wenn man hier die übliche Definition für Entdecker anwendet, so stimmt diese Aussage nicht. Amerika wurde lange vor Kolumbus von den verschiedensten Himmelsrichtungen aus und von Seefahrern unterschiedlicher Kulturen erreicht. Doch diese Entdeckungen blieben ohne bedeutende Nachwirkungen. Im günstigsten Fall haben wir heute durch alte Aufzeichnungen (siehe Brendans Reise) davon Kenntnis erhalten. Ganz anders verhält es sich bei Kolumbus.

Zunächst war diese Landsicht für ihn die Erfüllung seines Traumes, Indien mit westlichem Kurs zu erreichen. Damit konnte er zugleich die Kugelgestalt der Erde nachweisen. Daß er einen neuen Kontinent fand, hat er bis an sein Lebensende nicht erfahren. Von dem, was die Entdeckung der Neuen Welt bewirkte, hat er noch die ersten Konsequenzen miterlebt, wie die Grausamkeit des Kolonialsystems, welches Kolumbus als erster Vizekönig Westindiens selber mit begründete. Die Alte Welt hat als Folge der Kolumbus-Entdeckung der Neuen Welt Krieg und Vernichtung gebracht. Kulturen dieses Erdteils, die zu jener Zeit eine Blüte erlebten, wie beispielsweise die der Azteken und Inkas, wurden vollständig ausgerottet, Millionen Menschen mußten diese Entdeckung mit dem Tod bezahlen. Auch deshalb wird heute noch von der Entdeckung Amerikas durch

KOLUMBUS gesprochen. Natürlich kann man ihm nicht die Schuld für all das geben, was er mit seiner Reise nach Amerika eingeleitet hatte, und wir wollen den Worten des großen Naturforschers und Weltreisenden ALEXANDER VON HUMBOLDT folgen (zitiert nach LANGE 1980, S. 8 f.): „Der Ruhm des Columbus beruht gleich dem sämtlicher außerordentlicher Männer, welche durch Schriften oder Handlungen den Kreis des Wissens erweitert haben, eben so sehr auf den Fähigkeiten des Geistes und der Stärke des Charakters, deren Antrieb den Erfolg ins Werk stellt, als auf dem mächtigen Einfluß, welchen sie, fast immer ohne es zu wollen, auf die Bestimmungen des Menschengeschlechts ausgeübt haben . . . Der Erfolg, welchen er erlangte, war eine Eroberung durch Nachdenken. Schon aus diesem einzigen Gesichtspunkt betrachtet erhebt sich Columbus bei weitem über die Seefahrer, welche es unternommen hatten, die Südspitze von Afrika zu umschiffen . . .“.

Im Verhältnis zu den frühen Seereisenden sind von KOLUMBUS zahlreiche Dokumente, nicht zuletzt sein Tagebuch, in Abschriften überkommen. So lassen sich heute auch seine großen navigatorischen Leistungen besser und umfassender einschätzen.

Mit seiner ersten Reise im Jahre 1492 begann zugleich ein neues Zeitalter in der Erforschung der Erdoberfläche, die, da sie fast zu zwei Dritteln mit Wasser bedeckt ist, natürlich in erster Linie schon immer eine Aufgabe der Seeleute war. So möchte der Autor diese große Entdeckungsfahrt nutzen, um daß zu dieser Zeit in Europa bekannte und angewandte Wissen zur Kurs- und Distanzbestimmung auf See näher vorzustellen. Kolumbus hat sein Ziel noch ohne moderne technische Navigationshilfen gefunden, sein kompliziertestes Gerät war der Magnetkompaß. Gleichzeitig zeigte diese Fahrt auch, wie schwierig die Navigation für das Gros der Seeleute geworden war, die sich größtenteils nur zum Geldverdienen und aus Abenteuerlust anheuern ließen und nicht aus Liebe zum Beruf. Sie konnten durchaus nicht immer als „Kinder des Meeres“ mit einer langen Familientradition bezeichnet werden. Im Gegensatz zu den schon Jahrtausende früher den Pazifischen Ozean überquerenden Polynesiern, kämpften sich die Seeleute um Kolumbus mühsam und Stück für Stück in einem für sie unbekannten Ozean mit unbekannten natürlichen Erscheinungen voran. All die Zeichen am Himmel, in der Luft und im Wasser, die die Polynesier verstanden, da sie entsprechende Erfahrungen besaßen, gaben den Europäern keine eindeutigen Anhaltspunkte.

Daß KOLUMBUS und seine drei Schiffe dennoch ankamen, beweist die Größe seiner Tat und die Genialität dieses Seemanns und Navigators.

Betrachten wir zunächst die KOLUMBUS zur Verfügung stehenden Navigationsmethoden und den Nutzen, den er aus ihnen ziehen konnte. Zu seiner Zeit waren den Seefahrern in Spanien und in Portugal drei Methoden bekannt. Die Bestimmung des Schiffsortes nach Landmarken (terrestrische Navigation), nach den Gestirnen (astronomische Navigation) und die Bestimmung des Schiffsortes nach Kurs und zurückgelegter Distanz

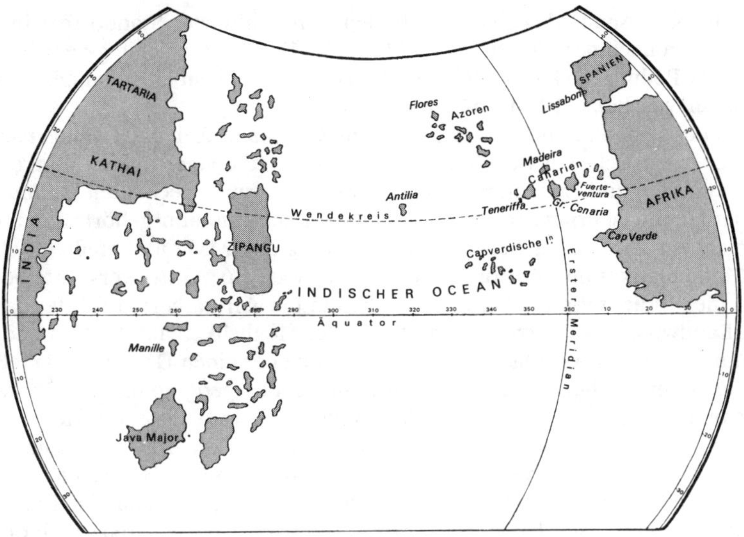

Abbildung 24
Rekonstruktionsversuch der verschollenen TOSCANELLI-Erdkarte. Sie war nach Berichten von Asienreisenden gezeichnet und wurde für KOLUMBUS zum wichtigsten Indiz für seinen Kurs nach „Indien“

(Koppelnavigation). Die Schwierigkeit bei der terrestrischen Navigation bestand im Fehlen von Peilvorrichtungen. Man behalf sich dabei einerseits mit einem Verfahren, über das sich MORISON (1948, S. 200) lustig macht: „Ein alter Brauch, den man den ‚Segensgruß der Piloten‘ nannte, bestand darin, daß man den Arm erhob und die flache Hand zwischen den Augen in die Richtung des Polarsternes brachte, darauf die Hand in ihrer flach ausgestreckten Haltung auf die Kompaßrose herabsenkte und so feststellte, ob die Nadel von der wahren Nordrichtung abwich.“ So konnte auch beispielsweise die Lage einer Landmarke durch Anvisieren über die Hand und Übertragen auf die Kompaßrose ungefähr bestimmt werden. Allerdings möchte der Autor bezweifeln, daß dies die einzige Peilungsmöglichkeit war. Es sei nur an die Beschreibung und Verwendung der Dioptra des HERON, wahrscheinlich im 1. Jahrhundert v. u. Z., erinnert. Mit ganz bescheidenen Hilfsmitteln (Kimme und Korn) wären also schon Schiffspeileinrichtungen zu fertigen gewesen, die eine erheblich höhere Genauigkeit ergeben hätten.

Dieser „Segensgruß“ war wohl nur eine Hilfsmethode zur groben Orientierung und zu vergleichen mit dem „nassen Finger“ zur Bestimmung der Windrichtung!

In KOLUMBUS' Tagebüchern finden sich zahlreiche Standortbestimmungen nach der terrestrischen Methode. Eine Untersuchung verschiedener Peilungen (PETER 1972, S. 54 f.) ergab vor allem Ungenauigkeiten in den geschätzten Entfernungen.

Die astronomische Navigation war zu KOLUMBUS' Zeit noch weniger als die terrestrische entwickelt. Um sie anwenden zu können, waren Winkelmeßgeräte und Ephemeriden (Tabellen der vorausberechneten Stellung der Himmelskörper) erforderlich. Diese Ortsbestimmung gehörte damals nicht zur Ausbildung der Piloten und Schiffsführer. Mit ihr befaßten sich Mathematiker und Astronomen an Land. VASCO DA GAMA versuchte bei seiner Indienreise im Jahre 1497, die ihn um Afrika herum führte, das „Landwissen" zu nutzen. Er ging bei jeder Möglichkeit auf das Festland, hing dann sein Astrolabium an einen Baum oder einen Dreifuß und maß die Sonnenhöhe, woraus die Bestimmung der geographischen Breite möglich wurde. Zu MAGALHAES Mannschaft, die 1519 die erste erfolgreiche Erdumsegelung startete, gehörte ANTONIO PIGAFETTA, ein italienischer Gelehrter aus Vicenca, der für die astronomischen Beobachtungen und Berechnungen zuständig und ausgebildet war. Unvollständige Ephemeriden gab es seit REGIOMONTANUS (1436-1476), doch waren sie für die Seeleute zu kompliziert (siehe Foto 8).

Die einzige Methode zur Bestimmung der geographischen Länge bestand in der Beobachtung der Sonnen- oder Mondfinsternis. Die Ephemeriden gaben die vorausberechneten Stunden von Totalfinsternissen für den spanischen Ort Salamanca (im Almanach von ZACUTO) bzw. für Nürnberg, die von REGIOMONTANUS berechnet wurden, tabellarisch an. Werden diese mit der beobachteten Stunde der Finsternis bei örtlicher Sonnenzeit verglichen und die Differenz mit 15 multipliziert (1 Zeitstunde gleich 15 Längengrade), so ergibt sich die gesuchte Länge westlich vom Meridian des Ortes, für den die Tabelle angefertigt wurde. Leider sieht die Praxis wesentlich komplizierter aus. AMERICO VESPUCCI vermittelt in einem Brief von seiner dritten Reise einen Eindruck davon (zitiert nach A. v. HUMBOLDT 1852, Bd. III, S. 24): „Die Expedition nahm die Richtung gen Süden bis zu den Inseln des Grünen Vorgebirges, welche in ungefähr 14° Breite liegen..., wobei ich durchgängig die Breite mit dem Astrolabium und dem Quadranten nach eigenen Beobachtungen bestimmt habe. Was die Länge anbetrifft, so ist dies eine bedeutend schwierigere Sache, die nur wenige Personen verstehen, mit Ausnahme derjenigen, welche sich des Schlafes zu enthalten und die Konjunktion des Mondes und der Planeten zu beobachten imstande sind. Dieser Längenbestimmung wegen habe ich oft den Schlaf geopfert und mein Leben um zehn Jahre verkürzt..."

KOLUMBUS versuchte eine solche Längenberechnung in den Jahren 1494 und 1504, erhielt jedoch kein zu verwendendes Ergebnis. Wie kompliziert die Beobachtung war, zeigte das Bemühen mexikanischer Gelehrter, die im Jahre 1541, also fast 50 Jahre nach KOLUMBUS erster Reise, die

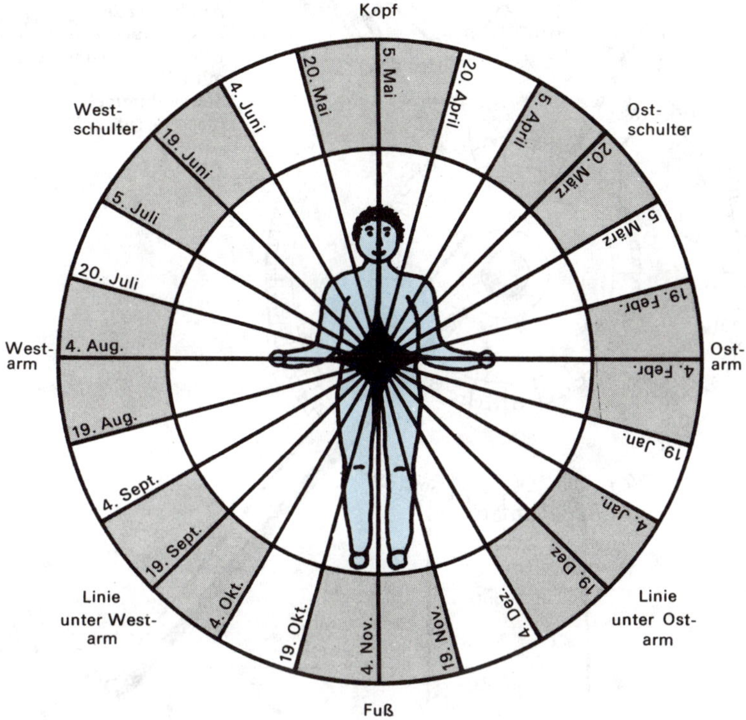

Abbildung 25
Diagramm zur Zeitbestimmung mit Hilfe des Polarsterns (nach PETER 1972)

geographische Länge von Mexiko-Stadt bestimmen wollten. Die Experten verrechneten sich um 25,5° – was 1450 Seemeilen entspricht. Hier konnte kein schwankender Schiffsboden verantwortlich gemacht werden! Hauptschwierigkeit für die Längenbestimmung und zur allgemeinen Navigation war das Fehlen einer genau gehenden Uhr. Bis ins 16. Jahrhundert hinein war die Sanduhr in Form des Halbstundenglases die einzigste Schiffsuhr. Die Gläser wurden in Venedig hergestellt und waren so zerbrechlich, daß die Seeleute immer einen großen Vorrat (MAGALHÃES hatte 18 Stück an Bord) mitnehmen mußten. Das Umkehren der Sanduhr war Aufgabe eines Matrosen der Wache oder eines Schiffsjungen. Wie das in der Praxis aussah, kann sich der Leser leicht vorstellen, zumal es statt Wasser oft „nur“ Wein zu trinken gab, ganz zu schweigen vom Rum! Also wurde es sehr oft nötig, die Uhrzeit zu korrigieren. Dazu bediente man sich zweier Methoden. Tagsüber konnte die Sonne genutzt werden. In der

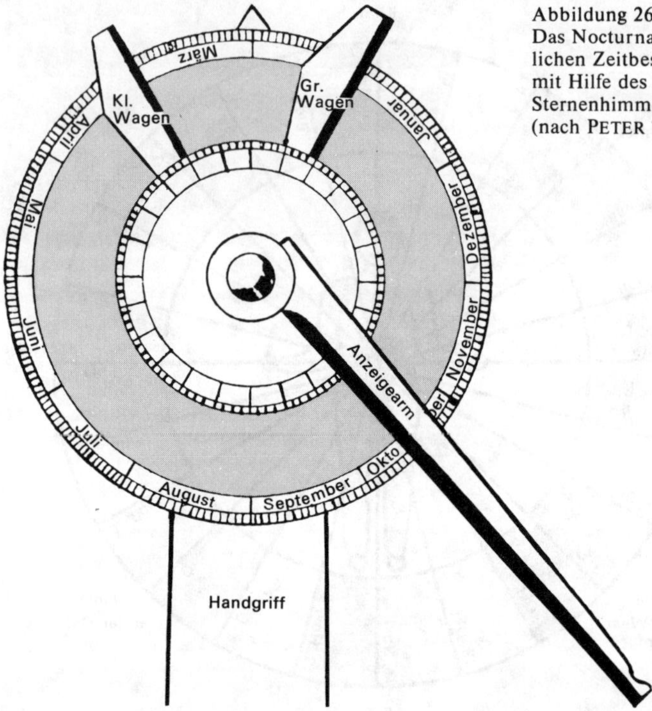

Abbildung 26
Das Nocturnal zur nächtlichen Zeitbestimmung mit Hilfe des Sternenhimmels (nach PETER 1972)

Mitte des Kompasses wird ein Stift (Schattenzeiger) aufgestellt und der Moment abgewartet, bis der Schatten des Stiftes genau in Nordrichtung zeigt (Sonne steht im Süden). Somit wird der Mittagspunkt gefunden. Nachteil dieses Verfahrens: Dort, wo mittags die Sonne genau senkrecht steht, nämlich in Äquatornähe, versagt diese Methode. Da KOLUMBUS seine erste Reise auf einer Breite von 26° Nord absolvierte, mag das Schattenstäbchen zur Uhrenkorrektur ausgereicht haben.

Eine andere Methode wurde nachts verwendet und nutzte den Polarstern sowie den Großen und den Kleinen Wagen zur Zeitbestimmung (vgl. Abb. 25). Sie ist an eine nördliche Breite gebunden, da in südlichen Regionen der Polarstern nicht mehr sichtbar ist. Der Kleine Wagen umkreist den Polarstern einmal in 24 Stunden. Aus der Stellung von β-(Kochab) und γ- Ursae Minoris (Kleiner Wagen) zum Polarstern läßt sich die Uhrzeit ausreichend genau ermitteln. Im Tagebuch von KOLUMBUS (1980, S. 17) erfährt man in einer Anmerkung, daß er diese Methode des Uhrenvergleiches genutzt hat: „An dieser Stelle erwähnt der Admiral, die Sterne, welche man die Wächter nennt, stünden bei Anbruch der Nacht nahe dem Arm in Westrichtung, während sie bei Tagesanbruch auf der Linie unterhalb des Armes nach Nordosten stünden, so daß sie in der ganzen Nacht offenbar nur um drei Linien vorrückten, was neun Stunden entspricht, und dies geschehe Nacht für Nacht." Die Wächter sind die oben genannten Sterne des Kleinen Wagens. Zur Vereinfachung der Verständigung hatte man in das zur Zeitbestimmung erforderliche Diagramm einen Mann gezeichnet, dessen Extremitäten in die erwähnten Richtungen zeigen. Ein verbessertes und zu Zeiten von Kolumbus schon bekanntes Hilfsmittel stellte das Nocturnal dar. An einem Handgriff befindet sich eine Scheibe mit einem Peilloch in der Mitte. Auf der Scheibe sind je ein separat drehbarer Monats- und Stundenkreis (mit diesem sind die Zeiger Kleiner oder Großer Wagen fest verbunden) sowie ein Anzeigearm angebracht. Für die Messung stellt man mit dem jeweiligen Zeiger Kleiner oder Großer Wagen (entsprechend der Sichtbarkeit) auf dem Monatskreis (äußerer Kreis) den Tag ein. Dann halte man das Nocturnal aufrecht und visiere durch das Peilloch in der Mitte den Polarstern an. Nun wird der Anzeigearm an die Wächter (die zwei hellsten Sterne des Kleinen Wagens, Kochab und Gamma) oder an die Zeiger (definierte Sterne des Großen Wagens) angelegt und auf dem inneren Kreis abgelesen. Bei Verwendung des Kleinen Wagens zur Beobachtung sind von der ermittelten Uhrzeit vier Stunden abzuziehen.

Wie stand es bei Kolumbus mit der astronomischen Navigation? Wir wissen heute, daß er nicht nach den Gestirnen navigierte, um seinen Weg in die Neue Welt zu finden, obwohl seine Kenntnisse auf diesem Gebiet sicher über die allgemein bei den Seeleuten vorhandenen hinausgingen. Er hatte sich in seiner Lissaboner Zeit (1477-1485) mit Geometrie, Arithmetik und Astronomie befaßt und einige Jahre als Kartenzeichner gearbeitet.

Peter hält es dennoch für zweifelhaft, daß er die Methode der Breitenermittlung nach dem Sonnenstand beherrschte. Er verstand lediglich etwas von den Sonnenfinsternissen, wie sein „Buch der Prophezeiungen" beweist, hat sich jedoch beispielsweise beim Eintritt einer Sonnenfinsternis über Cádiz um reichlich 3 Stunden verrechnet.

Kolumbus' Beobachtungen mit dem Quadranten auf seiner ersten Reise führten zu völlig falschen Werten. So beobachtete er in der Nacht des 2. November 1492 an der Nordküste Kubas, in der Bucht von Gibara, den Polarstern. „Hier", so heißt es in seinem Tagebuch, „nahm der Admiral in dieser Nacht die Höhe mit dem Quadranten, und stellte fest, daß er 42 Grad von der Äquinoktiallinie (dem Äquator) entfernt war" (zitiert nach Peter 1972, S. 74 f.). Tatsächlich beträgt aber die Breite von Gibara 21° 6' N. Er hatte sich also beträchtlich geirrt. Morison, der in den Jahren 1939 bis 1940 mit einem kleinen Schiff und einer großen Expedition versuchte, den Spuren des Kolumbus zu folgen - er leistete mit seiner Reise, der Harvard-Kolumbus-Expedition, den bisher bedeutendsten Beitrag zur Kolumbus-Geschichte - fand für den Fehler des Admirals eine einleuchtende Erklärung. KOLUMBUS hatte nicht den Polarstern, sondern den Stern β aus dem Sternbild Kepheus, der zu der Zeit genau im Norden stand, anvisiert.

Über einen möglichen Sinn dieser „Meßfehler“ wurde viel diskutiert. Waren es Fehler, die den Abschreibern unterliefen, hatte er die Werte absichtlich falsch angegeben, um die Lage der gefundenen Länder nicht preiszugeben?

Während der Ozeanüberquerung seiner dritten Reise maß KOLUMBUS im Gebiet der Windstillen mit dem Quadranten erneut die Höhe des Polarsternes, die plötzlich 10° größer als bei früheren Beobachtungen war, dennoch befand er sich auf der gleichen Breite. Natürlich hat er auch hier nicht den Polarstern, sondern einen anderen Stern anvisiert, und der Fehler ist keineswegs auf eine Zahlenmanipulation zurückzuführen; KOLUMBUS liefert für diese Behauptung selbst den Beweis, er kommt nämlich zu dem Schluß, daß die Erde gar nicht rund sei, sondern die Form einer Birne habe. In seinem Bericht der dritten Reise heißt es: „Ich habe überall gelesen, die Erde sei kugelförmig... Nun habe ich so viele Unregelmäßigkeiten gesehen, daß ich hinsichtlich der Gestalt der Erde zu einer abweichenden Ansicht gekommen bin, nämlich, daß die Erde nicht, wie andere meinen, kugelförmig ist, sondern die Form einer Birne hat, die allerdings rund ist, nur ausgenommen dort, wo der Stiel ansetzt, an welcher Stelle sie hervorragt“ (zitiert nach PETER 1972, S. 80 f.). KOLUMBUS hat in dieser, im Original noch weitschweifigeren Erklärung versucht, seine nicht immer exakten Meßwerte zu interpretieren. Sie kamen durch Unkenntnis und fehlende technische Hilfsmittel zustande.

Wie gelangte er trotzdem nach Westindien? Die astronomische Navigation hat ihm mit Sicherheit nicht den Weg gewiesen. Bleibt die dritte Navigationsvariante: die Kopplung. Bei ihr wird der Kurs in einer Karte festgelegt und die zurückgelegte Distanz in bestimmten Zeitabständen eingetragen. Diese Methode ist noch heute Grundlage des Navigierens und wurde von den Piloten zur Zeit des KOLUMBUS vorzüglich beherrscht, meint PETER (1972, S. 81). Und das geschah mit ungenau anzeigenden Kompassen, unzulänglichen Seekarten und ohne Fahrtmeßanlagen. Das Koppeln war eine der wichtigsten Tätigkeiten der Piloten, und sie hatten es auf kleineren Schiffen mit noch weniger Hilfsmitteln gelernt. Denken wir an dieser Stelle wieder an die Natur und ihre vielseitigen Hinweise, die zur Orientierung genutzt werden können. Diese Erfahrungen waren aber zu Zeiten des KOLUMBUS nur in geringem Umfang auf Schulen zu lernen. Das offene Meer, ein winziges Schiff und der Wille, sein Ziel zu erreichen, lassen dann den Seefahrer sehr schnell das Notwendige nachholen!

Neben der Erfahrung braucht man zur Koppelnavigation Kompaß, Lineal, Zirkel und Seekarte sowie die Ortszeit und die Geschwindigkeit des Schiffes. KOLUMBUS hat bei seinen Reisen auch mehrfach die Navigatoren der anderen begleitenden Schiffe zum Vergleich der Werte für Distanz und Kurs herangezogen. Daß er dies tat, spricht nur für ihn und seine Fä-

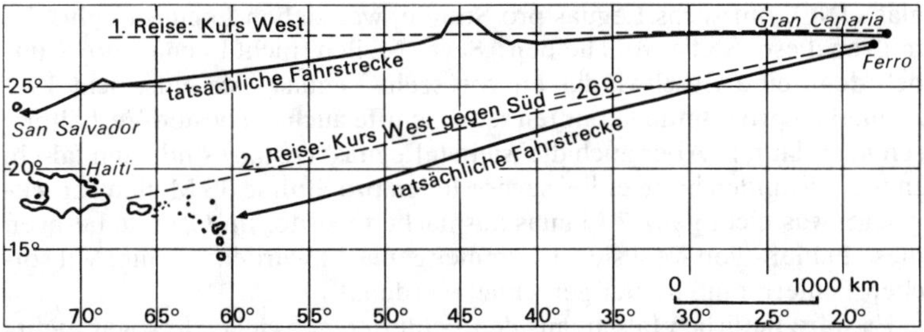

Abbildung 27
Die Nachkoppelung der KOLUMBUS-Routen beweist seine genaue Kurseinhaltung. In der Abbildung sind jeweils die Fahrstrecken für die 1. und 2. Reise (Hinfahrten) sowie die vorgesehenen Kurse dargestellt (nach PETER 1972).

higkeiten als Schiffsführer. Hierzu noch einmal PETER (1972, S. 83): „Dieser Positionsvergleich innerhalb des Geschwaders zeigt des Columbus richtige Einstellung zu dem Navigationsproblem und zu dem Können anderer. Seit langem ist ein solcher Vergleich im Verbande von Schiffen eine Selbstverständlichkeit und kein richtig führender Verbandschef verzichtet heutzutage auf ihn."

Zahlreiche Kopplungen des Admirals erwiesen sich genauer als die seiner übrigen Schiffsführer. Auf der Rückreise am 6. und am 10. Februar 1493 verglich er seine Position mit der des Kapitäns der „Niña", der Positionsunterschied war beträchtlich. Die Piloten der „Niña" wähnten sich schon „jenseits der Azoren" in der Nähe von Madeira oder Porto Santo, während der Admiral glaubte, sich noch weit westlich der Azoren zu befinden. Wie sich später herausstellte, hatte er recht! Seine gewissenhafte Kopplung läßt sich auch aus seinem Tagebuch ableiten, so daß ein „Nachkoppeln" der Reiseroute möglich wurde (vgl. Abb. 27).

Ein interessantes Beispiel für exakte und falsche navigatorische Angaben enthält seine Tagebucheintragung vom 22. Januar 1493 (PETER 1972, S. 83): „ ‚Gestern, nach Sonnenuntergang, segelte er NNO bei Ostwind, der auf SO drehte. Er machte acht Meilen pro Stunde, bis fünf Halbstundenglas vorüber waren und drei weitere, bevor die Wache begann, was acht Halbstundenglas ergibt, und so legte er 72 Meilen zurück, also 18 Leguas' [1 Legua = 4,8 Kilometer d. Verf.]. Acht Halbstundenglas (also vier Stunden) bei acht Meilen Geschwindigkeit pro Stunde ergeben aber nicht 72, sondern 32 Meilen. ‚Danach steuerte er für sechs Halbstundenglas N zu O, also weitere 18 Meilen! Da sich seine Geschwindigkeit erst ‚während der zweiten Wache' auf sechs Meilen pro Stunde verringerte - wie Columbus angibt -, so müßte er in drei Stunden 18 Meilen zurückgelegt haben. . . ‚Danach, bis zum Sonnenaufgang, steuerte er elf Halbstundenglas ONO, mit sechs Leguas pro Stunde, was sieben Leguas ergibt.‘ Es muß an dieser Stelle wohl heißen: ‚Sechs Meilen (nicht Leguas) pro Stunde‘, denn eine Geschwindigkeit von sechs Leguas - sie entspricht 19,2 Seemeilen pro Stunde - konnten seine Schiffe auch bei besten Verhältnissen nicht laufen. Aber auch die ‚sieben Leguas‘ Distanz sind dann falsch. In 5 1/2 Stunden hätte er bei sechs Meilen pro Stunde 33 Meilen zurückgelegt, was nicht ganz 7 Leguas ausmachen würde. Im Grunde besagen diese Fehler - von wem sie auch immer gemacht wurden - wenig. Mit solchen Fehlern muß immer gerechnet werden.“

Es wäre natürlich falsch, aus den Fehlern eines vielleicht sogar mehrfach abgeschriebenen Tagebuches auf die Qualität des Nautikers schließen zu wollen. Es gibt Sentenzen, die zu so etwas Stellung nehmen. Sicher ist die Aussage, daß nur derjenige, der nichts tut, auch keine Fehler machen kann, die treffendste.

Zur Bestimmung des Kurses verwendete Kolumbus einen Trockenkompaß, dessen Rose in 32 Striche eingeteilt war, die untereinander durch Rhomben, Rauten und Linien verbunden waren. Da die meisten Seeleute sowieso nicht lesen konnten, waren keine Buchstaben eingetragen. Kompaßrose mit Nadel befanden sich in einem Gefäß, welches bei schlechtem Wetter mit einem Deckel verschlossen werden konnte. Bei einem „träge werden“ der Magnetnadel mußte sie mit Magneteisenstein magnetisiert werden. Natürlich hatten auch seine Schiffe einen Vorrat an Ersatznadeln mit an Bord. Auf den Fahrzeugen dieser Zeit waren in der Regel je ein Kompaß im Steuerhaus und an der Ruderpinne stationiert. Eine Ablenkung der Magnetnadel durch Eisenteile des Schiffes (Deviation) spielte bei den größtenteils aus Holz bestehenden Schiffen des Admirals eine untergeordnete Rolle.

In der Nähe des Aufenthaltsortes des Wachhabenden war eine sogenannte Logkladde befestigt. Sie bestand aus einer Schiefertafel (Logbrett), auf welcher nach jedem Umdrehen der Sanduhr (gleich 30 Minuten) ein Strich gemacht wurde, der die jeweilige Fahrtrichtung anzeigte. Dadurch konnte überprüft werden, ob der Kurs beibehalten wurde.

Weitaus schwieriger als die Kursbestimmung war damals die Ermittlung der zurückgelegten Distanz. Der Verfasser teilt hier nicht die Auffassung von Peter (1972, S. 87): „Ein technisches Hilfsmittel - und wäre es noch so primitiv gewesen - hatten Columbus und seine seefahrenden Zeitgenossen nicht zur Hand, da es ein solches nicht gab. Das Log . . . gab es noch nicht. Es wurde erst im 16. Jahrhundert - nach des Columbus Tod - erfunden. Columbus und die Kapitäne seiner Zeit und vor seiner Zeit waren daher ausschließlich auf die Schätzung der Geschwindigkeit angewiesen.“

In dem Abschnitt über das Log wurde bereits gezeigt, daß es schon lange vor Kolumbus Versuche zur Ermittlung der Schiffsgeschwindigkeit gab. Es ist nicht vorstellbar, daß Kolumbus seine Schätzungen nicht wenigstens mit Hilfe des Dutchman‘s-Logs kontrolliert hat.

Trotzdem steht fest, daß die damaligen Navigatoren, wie heute vielleicht noch die Kapitäne kleiner Segelschiffe, unter normalen Seeverhältnissen die Geschwindigkeit ihres Schiffes auf eine Meile/Stunde genau schätzen konnten. „Columbus hat das Schätzen der Geschwindigkeit recht gut beherrscht. Die gewissenhafte Nachkoppelung seiner Reiseroute auf der ersten Reise - von Ferro nach San Salvador - hat ergeben, daß er sich in der Distanzberechnung nur um 9,8 % irrte. Um diesen Betrag schätzte er die zurückgelegte Wegstrecke zu hoch ein. Allerdings bediente er sich in seiner listig-fürsorglichen Art einer doppelten Buchführung. So führte er eine ‚genaue' Rechnung für sich und eine ‚frisierte' für seine Männer, ‚um die Besatzungen nicht zu beunruhigen oder zu alarmieren, falls die Reise zu lange dauern sollte.' Es ist ein Treppenwitz der Weltgeschichte, daß seine ‚frisierte' Rechnung - sie war 4,1 % zu niedrig, - schließlich wesentlich genauer war als seine ‚genaue' " (PETER 1972, S. 88).

In der Verwendung des Lotes war KOLUMBUS sehr gewissenhaft, zumal er sich nach Gegenden begab, die absolut unerforscht waren. Die Sicherheit stand und fiel, und dies ist gewiß keine Übertreibung, mit der ständigen Anwendung des Lotes, sobald Land in Sicht kam. So sind in seinem Tagebuch in Verbindung mit Buchten und Ankerplätzen zahlreiche Wassertiefen angegeben. Trotzdem konnte diese Sorgfalt den Schiffbruch seines Flaggschiffes (Santa Maria) vor La Navidad an der Nordküste Haïtis nicht verhindern. Dieser Schiffbruch am 25. Dezember 1492 kam durch ein Wachvergehen zustande und hatte keinesfalls mit mangelnden navigatorischen Fähigkeiten zu tun. Im Tagebuch liest man (KOLUMBUS 1980, S. 111 f.): „. . . gegen 11 Uhr nachts, beschloß er [der Admiral, d. Verf.], sich schlafen zu legen, denn er hatte seit zwei Tagen und einer Nacht kein Auge zugetan. Da Windstille war, beschloß der Mann, der das Schiff steuerte (Juan de la Cosa), sich ebenfalls schlafen zu legen, und überließ das Steuer einem Schiffsjungen, und dies hatte der Admiral im Laufe der Reise immer wieder verboten, gleichgültig, ob ein Wind blies oder Windstille herrschte; kurz und gut, die Schiffsjungen durften nicht ans Steuer. Der Admiral fühlte sich sicher vor Sandbänken und Klippen, denn am Sonntag. . . [hatten die Seeleute d. Verf.]. . . die ganze Küste erkundet. . . Nun wollte es unser Herrgott, daß sich um Mitternacht alle schlafen legten, denn sie hatten bemerkt, daß der Admiral sich zur Ruhe begab, und sahen, daß es völlig windstill war und das Meer glatt wie ein Teller; das Steuer verblieb in der Hand jenes Schiffjungen, und die Strömungen trieben das Schiff auf eine der Sandbänke. Da es Nacht war, knirschte es so laut, daß man es eine gute Meile weit gehört hätte; und dabei fuhr das Schiff so sanft auf, daß man es kaum spürte. Der Junge, der das Ausschlagen des Steuerruders spürte und das Geräusch des Auflaufens hörte, begann zu schreien, worauf der Admiral herauskam, er war in Sekundenschnelle dort, so daß noch niemand gemerkt hatte, daß sie aufgelaufen waren." Seine Seeleute, die er alarmierte, bestiegen dann ein Boot, um, wie Ko-

Abbildung 28
Eine Variante des Logbretts (auch Pinnkompaß genannt) aus dem 16. Jahrhundert (nach TAYLOR 1971). Es diente den Steuerleuten zum halbstündigen Abstecken des Schiffskurses und der Geschwindigkeit. Die Stellung der Pflöcke war eine wichtige Hilfe für die Berechnung des Koppelkurses.

LUMBUS meinte, sich den Schaden anzusehen, doch sie flohen zur nächstgelegenen Karavelle, die sie aber nicht aufnahm. Ein feines Beispiel für Feigheit und mangelnde Dienstauffassung!

Nun noch einige Worte zu navigatorischen Hilfsmitteln und den Koppelproblemen bei dieser Reise. Kompaß, Quadrant, Lot, Zirkel, Lineal, Logbrett, Sanduhr, Schattenstift, Peilvorrichtungen, astronomische Tabellen und einfache Multiplikationstabellen sowie ungenaue Seekarten waren der gesamte Fundus des Admirals, der ihm zur Verfügung stand. Die damals vorhandenen Seekarten waren auf transparent getrockneten Schafshäuten gezeichnet, also weniger wasserempfindlich als Papier, dennoch nicht so beständig, daß sie mehrfach naß werden konnten. Transparent getrocknete tierische Haut fault besonders schnell in tropischen Klimazonen. Wie uns die Erdkarten aus dieser Zeit zeigen, waren die bekannten Küsten (Spanien, Mittelmeer und Westküste Nordafrikas) erstaunlich genau wiedergegeben. Auffallend ist die falsche Lage des Äquators (zu weit nördlich) und die falsche Längenausdehnung des Mittelmeergebietes. Beide Fehler findet man auch schon auf den PTOLEMÄUS-Karten aus der Antike, und sie wurden immer wieder mit übernommen. Zwischen Europa und Amerika sind zahlreiche, nicht existierende Inseln verzeichnet, die wohl aus vagen Landsichtungen, die oft nur Nebelfelder waren, entstanden sind. Selbst auf einer britischen Admiralitätskarte aus dem Jahr 1873 war noch ein solches „Festland“ zu finden! Sehr ungenau waren die Angaben der Karten für die amerikanische Ostküste, die ja nach Auffassung der Geographen und Kartographen die südostasiatischen Gebiete darstellen sollten. Das heute angewandte Netz von Breiten- und Längengraden war auf diesen Karten nicht eingezeichnet. KOLUMBUS rechnete die geographische Länge in Stunden (1 Stunde = 15 Längengrade). Die Praxis des Koppelns sah nun bei KOLUMBUS folgendermaßen aus: Er stach mit dem Zirkel ein Loch in die Seekarte, um seinen Standort zu fixieren. An dieses Loch wurde dann das Lineal in Kursrichtung gelegt, für die eine der zahlreichen 32-Strich-Windrosen auf der Karte genutzt worden ist. Mit dem Zirkel steckte man danach auf der Meilenskala die Distanz ab, und mit ihm wurde an dieser Stelle ein weiteres Loch in die Seekarte gestochen. Das Verfahren wird also „to set points“ oder „Punktemachen“ bezeichnet. Bei Beibehaltung des Kurses über eine längere Distanz war dieses Verfahren recht übersichtlich. Schwierig war die Eintragung zahlreicher Kurswechsel (zum Beispiel bei Kreuzen am Wind) auf kleiner Distanz. Dafür verwendeten die Seeleute damals das Logbrett. Mit ihm konnten die Distanzen und Kurse der jeweiligen Teilstrecken gespeichert und im nachhinein die tatsächlich zurückgelegte Gesamtstrecke ermittelt werden (vgl. Abb. 28).

Dank seiner hervorragenden navigatorischen Leistungen war KOLUMBUS in der Lage, die von ihm entdeckten Gebiete in die Seekarte einzutragen. Daß sich KOLUMBUS auch selbst über die Ergebnisse seiner Koppelnavigation sicher war, sollen anschließend zwei Beispiele seiner zweiten Reise zeigen: „2 Tage vor dem Erreichen von Dominica, am Allerheiligen 1493 (1. November), sagte er den Landfall für die nächsten drei Tage voraus und bekräftigte diese Aussage dadurch, daß er eine Extraportion Wasser ausgeben ließ. Am 3. November kam Dominica, das kein Weißer zuvor gesehen hatte, in Sicht.

Gut 2 1/2 Jahre später, als er sich mit dem Rest seiner Großflotte, der „Nina“ und „India“ am 7. Juni Europa näherte und die Stimmung der Besatzung wegen Wasser- und Proviantmangels auf dem ‚Nullpunkt‘ angelangt war, und die Piloten nicht mehr wußten, ob man bei Madeira, den Azoren oder vor England stand, ließ Columbus die Segel reffen, um nicht in der Dunkelheit auf Land zu laufen. Am nächsten Tage tauchte die Küste ungefähr 35 sm nördlich von Kap Sankt Vincent auf, das er angesteuert hatte.

Seine Meisterleistung jedoch vollbrachte Columbus am 16. August 1498 auf der dritten Reise, als er nach der Entdeckung von Trinidad und des südamerikanischen Festlandes bei der Perleninsel Margarita (vor der

Halbinsel von Paria) den Kurs auf die Südostspitze von Hispaniola (Haiti), mit NW zu N (rd. 326°) festlegte. Vergegenwärtigen wir uns seine Lage: Er wollte über die Karibik von Margarita nach Hispaniola segeln. Alles, was er über die geographische Position dieser beiden Punkte wußte, hatte er auf drei Reisen mittels gesteuerter Kurse und abgelaufener Distanzen erkoppelt. Keine navigatorische Meisterprüfung könnte schwieriger angelegt sein. Nach 3 1/2 tägiger Fahrt sichtete er die Insel Beata am Südkap von Haiti, an der er schon auf der zweiten Reise 1494 vorbeigefahren war. Wohl war er 175 sm zu weit nach Westen geraten, worüber er verärgert war - er hatte die in westliche Richtung setzenden, vom Passat hervorgerufenen Strömungen nicht berücksichtigt, weil er sie nicht kannte -, doch welch eine Leistung und Erfahrung lag in jenem NW zu N-Kurs“ (PETER 1972, S. 102 f.).

PETER kommt in seinen Darlegungen zu einem Schluß, dem man sicherlich zustimmen kann. KOLUMBUS hat die neue Welt mit Hilfe der Koppelnavigation gefunden. Die terrestrischen und astronomischen Navigationsmethoden wurden zwar praktiziert, hatten aber keinen entscheidenden Einfluß auf den Verlauf seiner ersten Reise. KOLUMBUS war ein guter Navigator, denn er befand sich auf der Höhe des Wissens seiner Zeit. Viele Autoren führen als Gegenbeweis seine zahlreichen religiösen Äußerungen in den Schriften an. Auch wenn er in einem Brief aus dem Jahre 1502 an das spanische Königspaar ISABELLA und FERDINAND schrieb (zitiert nach PETER 1972, S. 112): „Bei der Durchführung des Unternehmens nach ‚Indien‘ waren weder Vernunft noch Mathematik noch Karten von irgendwelchem Nutzen für mich. Vollständig erfüllt (aber) wurden die Worte von Jesaja.“ Gemeint sind hier die Verse von JESAJA (Bibel, 11, 10-12; 66, 19; 42, 10), doch galt wohl auch damals schon das Seemannswort: „Gott steht bei den Seeleuten, aber steuern müssen sie selbst.“

Die navigatorische Leistung des CHRISTOPH KOLUMBUS stellt in der Geschichte der Navigation in gewisser Hinsicht eine Zäsur dar. Bei ihrer Reise nach Westen wurde den Nautikern alles das abverlangt, was sie an Können und Wissen besaßen. Sie haben ihr Ziel erreicht, weil sie sich ihm mit ganzer Kraft widmeten. Doch dieser Stand wurde natürlich gleichermaßen Ausgangspunkt für eine neue und bessere Navigation in den Jahren der großen Entdeckungen. Es folgten weitere Erfindungen (zum Beispiel die des Chronometers) bis hin zur Einführung der elektronischen Ortungsverfahren in unserem Jahrhundert. Sicherlich kommt es auch eines Tages dazu, daß eine Himmelsbeobachtung durch die Seeleute überflüssig wird. Wenn in absehbarer Zeit schon Geräte (Empfänger-Sender und Computer) eingesetzt werden, mit denen man ununterbrochen seinen geographischen Standort auf den Meter genau mit Hilfe einer Raumsonde ermitteln kann, erübrigen sich sicherlich zahlreiche andere Methoden, die sich über viele Jahrhunderte bewährt hatten.

Bedenken wir zum Schluß noch, daß KOLUMBUS mit den polynesischen Seeleuten der Vergangenheit kaum zu vergleichen ist. Die feinen Äußerungen der Natur, die diese verstehen konnten, waren für ihn nicht wahrnehmbar, da er sie nicht kannte. Seine Hilfsmittel waren vielmehr technischer Art. Doch sollte man dabei vielleicht an HEYERDAHL erinnern. Für ihn ist der Fortschritt häufig nur ein Fortschreiten von der Natur. Da wir Menschen nun einmal auf diesem Planeten und in dieser Natur leben, tun wir gut daran, uns auf sie einzustellen, sie zu nutzen und alle ihre freiwillig und kostenlos angebotenen „Hilfsmittel" dankend anzunehmen. Das soll keinesfalls bedeuten, daß der Verfasser lieber auf Schiffen fahren würde, die keine Navigationstechnik besitzen, sondern, daß die Meisterung unserer Umwelt und damit unseres Lebens nur in einer sehr sinnvollen Verknüpfung von Natur und Technik möglich ist.

Zweites Exempel: In der Wasserwüste des Pazifiks - phantastische Navigationsleistungen im Dunkel der Geschichte

Die Seeleute, deren Navigationskunst uns die umfangreichsten Hinweise zur Erklärung des „Geheimnisses der alten Seefahrer" geben kann, lebten und leben auf den zahllosen Inseln des Pazifiks. Er ist im wahrsten Sinne des Wortes eine Wasserwüste. Zusammen mit dem Indischen Ozean nimmt er die Hälfte der gesamten Oberfläche unseres Planeten ein. Die Nord-Süd-Ausdehnung beträgt 16000 Kilometer, am Äquator erstreckt er sich in West-Ost-Richtung über eine Entfernung von 16500 Kilometer. Im Bereich des Pazifiks befindet sich aufgrund seiner gewaltigen Ausdehnung (178,8 Millionen Quadratkilometer) das Gebiet der größten Landferne. Im südöstlichen Teil müssen teilweise 2500 Kilometer zurückgelegt werden, um von einem Ufer an ein anderes zu gelangen. 30 Prozent der Gesamtfläche dieses Ozeans sind weiter als 1000 Kilometer vom nächsten Land entfernt.

Daß die polynesische Navigationskunst den Historikern des vergangenen Jahrhunderts noch weitgehend verschlossen war, liegt an der erst Ende des 19. Jahrhunderts erfolgten häufigeren Befahrung dieser Routen im Zusammenhang mit der Kolonialisierung durch die Europäer. Die navigatorischen Fähigkeiten der alten Piloten, die ohne Kenntnis des Kompasses den unendlich scheinenden Pazifik bewältigten, um eine ferne, oft flache und winzige Insel anzusteuern und zu finden, können nicht hoch genug eingeschätzt werden. Da die polynesische Seefahrt weitgehend auf natürlichen Orientierungsmethoden beruht und diese bis in unser Jahrhundert hinein angewandt wurden, sollen deren Erkenntnisse an dieser Stelle des Buches zusammenhängend geschildert werden. Für die späte Erforschung der Navigation der Südseevölker gibt es noch andere Ursachen. Zunächst waren auch dort nur wenig Seeleute als „Auserwählte" mit den Geheimnissen der Steuermannskunst vertraut. Zum Zeitpunkt der europäischen Entdeckung war schon einiges von diesem Wissen verlorengegangen, und durch Sprach- und Übersetzungsschwierigkeiten sind viele Fakten falsch verstanden worden. Als die europäischen Entdecker erst vor wenigen Jahrhunderten dieses Gebiet mit ihren zahlreichen und oft stark voneinander isolierten Inseln auffanden, war man über die kulturellen und wirtschaftlichen Gemeinsamkeiten zwischen ihnen erstaunt und verwundert. Die Menschen sprachen eine ähnliche Sprache und besaßen gleiche Haustiere. Sie berichteten den Europäern von der Lage weit entfernter Inseln und wie man zu ihnen gelangt. Zunächst glaubte man an zufällige Berührungen, doch heute ist bekannt, daß es schon seit einigen Jahrtausenden - Bodenbau und Viehhaltung reichen beispielsweise in Neuguinea in das 5. und 6. Jahrtausend v. u. Z. zurück (SELLNOW 1981, S. 198) - einen planmäßigen und sicher in der Regel erfolgreichen Schiffsverkehr gab.

Unter den drei großen Völkergruppen (Polynesier, Mikronesier und Melanesier) waren die Polynesier die mutigsten und erfolgreichsten Seefahrer, im Gegensatz dazu sind die melanesischen Schiffe nach den heute vorliegenden Informationen nur innerhalb ihrer Inselgruppen verkehrt. „Die gegenseitigen Beziehungen erstreckten sich von Sumatra im Westen (vielleicht sogar Madagaskar) bis zur Osterinsel im Osten, von Formosa und Hawaii im Norden bis nach Neuseeland im Süden. Innerhalb dieses beinahe den ganzen Stillen Ozeans umfassenden Gebietes gab es . . . zwei in sich abgeschlossenen Verkehrsgebiete, die untereinander wenig Zusammenhang hatten. Das eine Gebiet umschloß die mikronesisch-polynesische Welt und reichte von den Philippinen im Westen über die Karolinen-, Marianen-, Marshall-, Gilbert- und Ellice-Inseln bis zur Fidji-Gruppe. Von hier wurden Beziehungen mit den Samoa-, Tonga- und Cook-Inseln aufrechterhalten, die wiederum mit dem Tuamotu-Archipel, den Marquesas- und Hawaii-Inseln Verkehr unterhielten. Von den Gesellschaftsinseln (Tahiti) führten Verbindungen nach Neuseeland und den Osterinseln. Das zweite Verkehrsgebiet umfaßt Melanesien und dehnte sich von den Molukken über Neuguinea, die Admiralitäts-Inseln, Neu-Pommern, Neu-Mecklenburg über die Salomoinseln und die Neuen Hebriden nach Neu-Kaledonien aus" (HOPS 1956, S. 88).

Insbesondere längere Routen wurden in der dafür jeweils meteorologisch günstigen Jahreszeit durchgeführt. Das hatte zur Folge, daß zwischen Hin- und Rückfahrt oft ein Zeitraum von mehreren Monaten lag und deshalb die Route Karolinen - Marianen beispielsweise nur einmal pro Jahr befahren werden konnte. Wie sich navigatorische Hinweise über zwei Jahrhunderte ohne zwischenzeitliche Überprüfung in der Praxis erhalten können, beweist folgendes Beispiel: Die Verbindung zwischen den Karolinen und Marianen wurde im Jahr 1565 mit der spanischen Besetzung der Marianen abgebrochen, weil die Bewohner der Karolinen fürchteten, das Schicksal der Einwohner der Marianen, die Spanier töteten in kurzer Zeit 40 000 (!) Menschen, teilen zu müssen. Erst 1788 wurde die alte Verkehrsverbindung wieder aufgenommen. Die Navigationsanweisungen wurden in den Liedern der Bewohner der Karolinen erhalten. Nur mit Hilfe dieses Wissens fanden sie die etwa 300 Seemeilen entfernte und allein im Ozean gelegene südlichste Marianen-Insel Guam wieder.

Bei Fahrten zur Neuentdeckung von Inseln segelten die Polynesier mit Vorliebe gegen den Wind, um im ungünstigsten Fall wenigstens schnell wieder nach Hause zu gelangen. Ja, die Aussage ist berechtigt, die Polynesier segelten über den Pazifik, als sei er nur ein Binnengewässer. „Ihr Operationsgebiet war zweifellos das ausgedehnteste aller sogenannten Naturvölker. Die Überlieferung berichtet von vielen außergewöhnlichen Fahrten. So z. B. von denen des bekannten polynesischen Seefahrers Hui-Te-Rangi-Ora, der seine bemerkenswerten Fahrten im 7. Jahrhundert unternahm. Eine von diesen ging um 650 nach dem Süden bis zur Eisgrenze; es wird berichtet, daß die Reisenden sehr erstaunt waren, als sie Eis – sie nannten es erstarrtes Wasser – und Walrosse antrafen. Ein anderer bekannter Polynesier, Uenga, unternahm im 12. Jahrhundert folgende Fahrt: Er segelte von Savaii (Samoa-Gruppe) etwa 400 sm südsüdwestlich nach Tonga, dann weiter 70 sm nordnordöstlich nach Vavau. Auf der Weiterreise von hier zwang ihn schlechtes Wetter, eine Insel anzulaufen, deren Name uns unbekannt ist. Uns ist als nächster Zielort die Insel Tongareva (Penrhyn) etwa 900 sm nordöstlich von Savaii, dem Abfahrtsort bekannt. Von Tongareva segelte Uenga 870 sm südsüdöstlich nach Rimatara in der Australgruppe, besuchte in dieser Gruppe die Insel Rurutu, 75 sm ostnordöstlich von Rimatara, und die Insel Tubuai, 120 sm südöstlich von Rurutu. Dann wurde 480 sm nordnordöstlich nach Fakarava in der Tuamotu-Gruppe gesegelt. Nach dem Besuch dieses ausgedehnten Archipels ging es weiter nach Tahiti und von hier schließlich 1400 sm nach Nordwesten zum Ausgangsort Savaii zurück." (Hops 1956, S. 89).

Daß diese Seeleute nicht allein fuhren, wurde schon erwähnt. Nicht selten ging ein ganzer Stamm unter Leitung seines Häuptlings in die Boote, doch übernahmen die erfahrenen Piloten die Führung. Da sich die Gepflogenheiten über Jahrtausende kaum verändert haben, kann wohl angenommen werden, daß der Pilot im Häuptlingsboot saß. Zumindest läßt sich dies indirekt dadurch beweisen, daß bei Katastrophen oft eben nur dieses Fahrzeug Land erreichte.

Zu den mutigen Seefahrern der Neuzeit, die auf alten Kursen mit alten Hilfsmitteln den Ozean bezwangen, gehört auch der Engländer David Lewis (1970). Er unternahm in dem Jahr 1965 eine 2250 Meilen lange Forschungsreise und steuerte seinen 40-Fuß-Katamaran, gebaut nach den polynesischen Originalen der Doppelkanus, auf dem legendären Maori-Sonnenkurs von Tahiti über Huahine und Rarotonga nach Neuseeland. Auf der Plattform des Bootes war ein „Zenit-Observatorium" zur Beobachtung des Himmels eingerichtet. Er fuhr ohne Karte und technische Hilfsmittel und mußte dabei zwangsläufig alle Methoden polynesischer Navigation kennenlernen und nutzen.

Da selbst der beste Navigator nur arbeiten kann, wenn genügend Proviant vorhanden ist, seien hier noch einige Bemerkungen von Hops (ebenda, S. 90) wiedergegeben: „Die Verpflegung auf den langen Reisen bestand aus Konserven, so Breien von Pandanus- und Brotfrüchten, deren

Haltbarkeit beinahe unbegrenzt war, getrockneten Fischen und Früchten. Frischfisch und andere Seetiere ergänzten von Zeit zu Zeit den Proviant. Als Trinkwasser fand Regenwasser und in Behältern mitgenommenes Frischwasser Verwendung. Großer Wassermangel veranlaßte die Seefahrer, Meerwasser mit einer Kokosnußschale, die nur ein kleines Loch hatte, aus größeren Tiefen heraufzuholen, weil man der Ansicht war, daß dort das Wasser weniger salzhaltig sei. Die Eingeborenen tauchten auch häufig länger ins Meerwasser, um damit dem eigenen Körper Wasser zuzuführen. Die monatelangen Irrfahrten – wir kennen solche bis zu 9 Monaten – sind der Beweis, daß die Seefahrer sich sehr lange, auch unter den kümmerlichsten Verhältnissen, am Leben halten konnten."

Eine besondere Rolle spielte auch für die polynesische Seefahrt der Vergangenheit die Kenntnis der Wetterlage und ihre voraussehbaren Veränderungen. Bei einem Häuptling der Marshallinseln, der zu diesem Zeitpunkt (um 1900) schon Schreibgeräte besaß, wurden zahlreiche Zeichen für bestimmte Himmelserscheinungen gefunden. Sie deuten zweifellos auf eine gute Beobachtungsgabe und Vermittlung der Informationen über einen längeren Zeitraum hin.

Eine besondere Navigationshilfe stellen für die Polynesier die schon erwähnten Wolken über Inseln dar (vgl. Abb. 29). Diese Wolkenart ist tagsüber ein typisches Merkmal für Land, sie steht selbst über den flachsten Atollen und weist den Seefahrern den Weg. Näheres hierzu kann auch dem Bericht von der Kon-Tiki-Fahrt entnommen werden. THOR HEYERDAHL hat diese Wolkenform bei der Kon-Tiki-Fahrt beobachtet und genutzt (1973, S. 228 f.): „Am Tag darauf waren noch mehr Vögel über uns. Doch wir brauchten nicht mehr darauf zu warten, daß sie uns am Abend den Weg zeigten. Wir entdeckten eine eigenartige, stillstehende Wolke am Horizont. Alle anderen Wolken waren kleiner, glichen federleichtem Wollflaum. Sie tauchten im Süden auf, trieben mit dem Passat über die Himmelswölbung und verschwanden hinter dem Horizont im Westen. So hatte ich die Passatwolken auf Fatu Hiva kennengelernt, und genauso waren sie auch Tag und Nacht über die ‚Kon-Tiki' hinweggezogen. Doch die einzelne Wolke am Horizont im Südwesten bewegte sich nicht. Sie stand ruhig wie eine Säule aus Wasserdampf, und die Passatwolken trieben an ihr vorbei. Cumulunimbus ist der lateinische Name dieser Wolkenart. Das wußten zwar die Polynesier nicht, doch sie wußten, daß unter solchen Wolken Land liegt; denn wenn die Tropensonne auf den Sand brennt, steigt ein Strom warmer, feuchter Luft in die Höhe, der in den kälteren Schichten kondensiert. Wir steuerten auf diese Wolke zu, bis sie nach Sonnenuntergang verschwand. ... Schon am nächsten Vormittag entdeckten wir zwei neue Wolken, die hinter dem Horizont aufstiegen wie Dampf aus Lokomotiven. Der Karte nach mußten unter diesen Wolken die Koralleninseln Fangahina und Angatau liegen... Drei Tage steuerten wir auf die Wolke über Angatau zu." Und so kamen sie tatsächlich zu dieser Insel.

JINARO N: Afterflosse des Aronfisches. Seine Flosse löst sich beim Backen leicht ab; ebenso sieht auch diese unten spitz zulaufende Wolke aus, als sei sie vom Himmel herabgefallen. Ihre Basis wird „Windkanu" genannt und gilt als Windbehälter. Die stahlblaue Wolke bringt für 24 h Regen, dem Windstillen folgen.

BIREN BÄ: Die Handfläche. Diese Wolke zeigt Orkane an. Liegt sie auf dem Horizont, so ist in weiter Ferne ein Taifun im Gange, der Tage danach eintrifft. Ruht hingegen die Wolke auf ihrer Basis, so steht der Taifun unmittelbar bevor und wird furchtbar wüten.

MEJENNIN ENA: Reiherschnäbel. Kurz nach ihrem Erscheinen fängt es an zu regnen, und der Regen wird ein oder zwei Tage dauern.

LIMEN RINAM: Getränk der Namleute (Insel der Bikini-Gruppe). Dort gibt es kein Trinkwasser. Doch diese Wolke, die sich von Ost nach West erstreckt, wird ihnen viel Trinkwasser bringen.

KIMEJ: Palmwedel, eine Regenwolke darstellend.

LIKÄMMAGE: Sind am Himmel nur Cirruswolken sichtbar, so deuten sie auf guten Wind und gutes Wetter hin.

Abbildung 29
Zeichnerische Darstellung von bestimmten Wolkenarten auf den Marshall-Inseln (um 1900). Alle Wolkenarten haben besondere Bezeichnungen und werden mit zu erwartenden Wettererscheinungen in Zusammenhang gebracht (nach HOPS 1956).

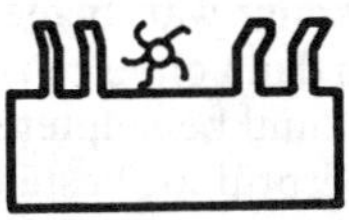

LARRIK IN EON ERE: Knaben auf der Kanuplattform. Wie muntere Knaben auf einem segelnden Boot hin- und herlaufen, so zieht sich diese Wolke von Westen nach Osten. Hat die Spitze den Osten erreicht, beginnt der Regen, er hört auf, wenn das Ende sich in der Mitte des Himmels befindet.

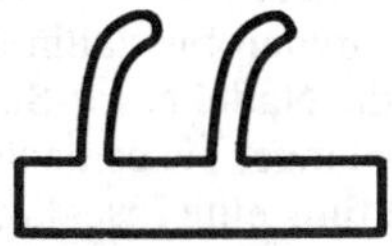

LILLAL IM LALLAB: Greisin und Greis. Diese Wolken bergen heftigen Wind und Regen. Der starke Wind beugt die Wolkenspitzen und gibt ihnen eine bucklige Haltung.

RAJ: Tümmler. Wenn viele weiße „Tümmler" in einem schwarzen Wolkenmeer schwimmen, wird es stark regnen.

Wenn der Himmel auch schwarz ist, jedoch irgendwo ein Regenbogen entsteht, darf man ruhig absegeln, da das Wetter sich halten wird.

KÖRO BÄIN AK: Flügel des Fregattvogels. Wenn solche Wolkenformen abends am Himmel sichtbar werden, gibt es gutes Wetter und guten Wind.

BÄLIN AL: Sonnenhof. Er deutet auf Unwetter und Regen hin.

Die Kenntnis der geographischen Lage des Zieles ist besonders wichtig für eine erfolgreiche Navigation, auch den Südseeinsulanern war jede größere Gruppe ihrer Inselwelt bekannt. „Ihr Orientierungssinn muß, wie die folgenden Beispiele zeigen, sehr entwickelt gewesen sein," schreibt Hops (ebenda, S. 127). „Cook nahm bei seinem Aufenthalt in Tahiti Eingeborene an Bord, die auf der Weiterreise noch nach Monaten jederzeit angeben konnten, in welcher Himmelsrichtung ihre Heimat lag.

Auch Kotzebue erwähnt in seiner Reisebeschreibung diese Begabung. Während seines Aufenthaltes auf den Marshall-Inseln sollten die Eingeborenen etwas über weitere Inseln in der Nähe dieses Archipels aussagen. Kotzebue ließ zu diesem Zweck einen Peilkompaß an Land aufstellen; die Insulaner, denen bis dahin der Kompaß unbekannt war, bemerkten sofort, daß die Nadel Nord-Süd wies. Sie drehten dann ohne zu zögern das Diopter solange, bis es nach Südwesten zeigte, und behaupteten, daß in jener Richtung eine Insel läge. Eine spätere Überprüfung bestätigte diese Angabe."

Nach Hops waren bevorzugte Anhaltspunkte für die Navigation im Pazifik folgende, schon im einzelnen besprochene Parameter: astronomische und meteorologische Beobachtungen, Bewegung der Meeresoberfläche, Vorkommen bestimmter Tangsorten, Fisch- und Vogelarten sowie die Zugrichtung der Vögel. Die Frage, ob die Polynesier für ihre Navigation Karten besaßen, ist umstritten. Sieht man einmal von den auf Seite 107 erwähnten Stabkarten ab, so sind andere Hinweise spärlich. Cook hat bei seinem Aufenthalt auf Tahiti eine primitive Karte gesehen und Heyerdahl erwähnt Seekarten, die auf Hawaii in die Schale runder Flaschenkürbisse geschnitzt waren. Ein anderer Autor glaubte, in den Tätowierungslinien eines Häuptlings geographische Angaben zu erkennen - was wohl in der Geschichte der Kartographie der kurioseste „Zeichenuntergrund" wäre.

Ein besonders reiches navigatorisches Wissen wurde mit den Liedern der Eingeborenen von Generation zu Generation weitergegeben. Darin waren auch Segelanweisungen enthalten, wie folgendes Beispiel zeigen soll: „Wenn du nach Kahiti (Tahiti) segelst, wirst du neue Konstellationen und unbekannte Sterne über dem tiefen Ozean entdecken. Hast du den piko-o-wahea (Äquator) erreicht, wirst du die Sicht des hoku-paa (Nordstern) verlieren und newe (?) wird dein südlicher Führungsstern neben der Konstellation von humu (Orion?), welcher über Dir steht, sein" (Hops 1956, S. 127).

Diese Methode, nach Sternenketten zu fahren, wird durch weitere Untersuchungen belegt und war wohl die verläßlichste Navigationsmethode der Polynesier überhaupt. Das Geheimnis der pazifischen Seefahrer basiert also auf der genauen Kenntnis des Sternenhimmels. Er war und ist ihnen Kalender und Uhr gleichermaßen. Die Sonnenhöhe zeigt die Tages- und die Sternenhöhe die Nachtstunde an. Am Äquator gehen alle Sterne zum Horizont senkrecht auf und unter. Daher ändert sich hier die Richtung zu einem Stern in den ersten Stunden nach seinem Aufgehen und in den letzten Stunden vor seinem Untergehen nur wenig. Deshalb ist das hier angewandte Navigationsverfahren in unseren Breiten völlig ungeeignet und daher auch in der Vergangenheit nicht benutzt worden (Paul 1981).

Für die Bewältigung größerer Entfernungen mußten mehrere Sterne, zu „Sternenketten" verknüpft, bekannt sein, die dem einsamen Schiffer den Weg weisen konnten. Für nahezu jedes Ziel sind auf den Inseln Polynesiens diese „Sternenketten", also Sterne, die nach und nach an derselben Stelle des Horizonts auf- bzw. untergehen, bekannt.

Auf dem Pazifikatoll Arorae (Republik Kiribati) wurden 6 Paare aufrecht stehender Visiersteine, die in verschiedene Himmelsrichtungen zeigen, entdeckt (siehe Foto 9). Sie weisen zum Beispiel auf die 80 Kilometer entfernte Insel Tamana, die beiden 700 Kilometer entfernten Inseln Beru und Banaba sowie zur Insel Niutao in der Gruppe der Ellice-Inseln, die 400 Kilometer von Arorae entfernt liegt. Diese Visier- oder Kompaßsteine zeigen aber nicht nur auf die Ziele der Seefahrer, sondern auch auf die für die Navigation erforderlichen, nacheinander am Horizont aufgehenden Sterne.

Von Däniken war auf einer seiner zahlreichen Reisen auch auf den Inseln der Republik Kiribati und besuchte Arorae. Er sah im Süden der Insel „zerborstene große Steinbrocken. . ., einstmals rechtwinklig zugeschnitten, nun vom Zahn der Zeit angenagt, alle von einem Rechteck aus kleinen Steinen eingefaßt. . . Die gut mannshohen, aufrechten Monolithen wiesen in verschiedene Richtungen. . . auf dem Kamm der Steine zentimeterbreite, schnurgerade Rillen eingekerbt - Richtungsweiser für ferne Ziele" (von Däniken 1981, S. 61 f.). Wahrscheinlich gaben hier die Alten ihr Wissen an die Jüngeren weiter. Sie konnten im Verlaufe der Nacht alle die Sterne kennenlernen, die sie zum Ziel ihrer Reise führen sollten. Dabei ist der sich aus dem Verfahren ergebende Fehler relativ gering. Mit zunehmender Entfernung vom Äquator entsteht zum Beispiel am 9. Breitengrad erst ein Richtungsfehler von maximal 3°. Sterne, die sich näher am Himmelsäquator befinden, sind noch besser geeignet. Sie lassen sich bis zu den Wendekreisen 23°27' nördlicher bzw. südlicher Breite für die Richtungsermittlung verwenden. Bei Fahrten entlang der Meridiane müssen die Leitsterne öfter gewechselt werden als bei Reisen längs der Breitenkreise in Äquatornähe.

Doch gibt es hier noch ein weiteres Hilfsmittel am Himmel. Die Deklination eines Zenitsternes (sein Winkelabstand vom Himmelsäquator) ist mit der geographischen Breite, auf der sich der Beobachter befindet, identisch. So kennen die Seeleute für jede Insel „ihren" Zenitstern. Ist dieser über dem Schiff zu sehen, so hat der Steuermann bereits die geographische Breite der gesuchten Insel erreicht. Bekannte Zeniststerne sind der Sirius (Sternbild Großer Hund) für die Fidschi-Inseln, der Rigel im Orion für die Salomonen und der Altair (Sternbild Adler) für die Karolinen. Der dort entwickelte Sternenkompaß, auf dem die verschiedenen Inseln und ihre Leitsterne aufgezeichnet sind, stellt sicher den Höhepunkt der Nutzung dieser Navigationsmethode dar.

Polynesier sind Menschen mit ausgeprägten Sinnesorganen, sie nutzen für die Navigation die Erscheinungen der Natur, die auch den Tieren zur Orientierung dienen, schreibt Kals (1967) und trifft damit sicher den Kern der Problematik.

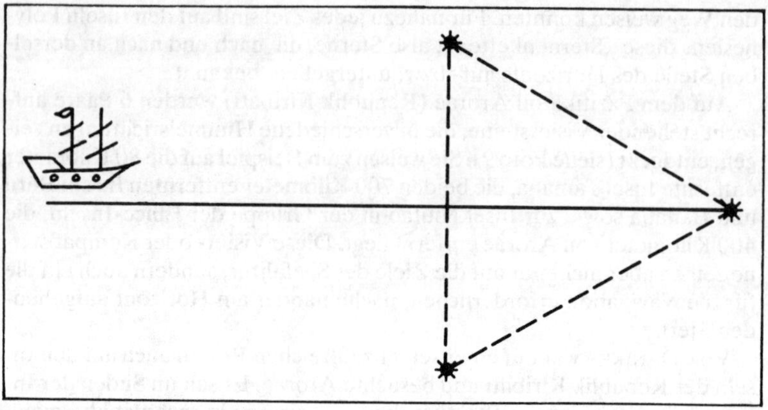

Abbildung 30
Schema der Sterndreieck-Navigation (nach HOPS 1956). Die Abbildung zeigt die Fahrt auf Kurs in Richtung Leitstern.

Vielleicht wurde dem Leser durch diese Darlegungen auch deutlich, welch sicheres Hilfsmittel die Sterne darstellen. Dies gilt auch für höhere nördliche und südliche Breiten, nur, daß hier die Beziehungen zwischen Stern und Kurs komplizierter werden, als dies in Äquatornähe der Fall ist.

„Das Wissen um die oben genannten Orientierungsverfahren war nicht Gemeingut aller Eingeborenen [kann es auch nicht sein und ist es heute ja auch nicht, d. Verf.] noch das Monopol der Häuptlinge, sondern vielmehr das Geheimnis einiger besonders intelligenter Einheimischer, die auf Grund dieses Wissens Vorteile gegenüber den übrigen Stammesgenossen hatten. Die Seefahrtskunst war meistens kostbares Erbgut und wurde nur an die engeren Familienangehörigen weitergegeben. Trotzdem gab es auf einigen Inseln der Südsee besondere Schulen, auf denen die zukünftigen Bootsführer ausgebildet wurden. P. CANTOVA berichtete schon 1721 von diesen Schulen, an denen Sternenkunde, Wetterkunde, Verkehrswege, Mystik, sowie die allgemeinen und ortsgebundenen Navigationsverfahren gelehrt wurden. Die Kurse dauerten einige Monate und wurden oft mit einer Probefahrt abgeschlossen" (HOPS 1956, S. 128).

Die Polynesier haben, zumindest in der Zeit, als europäische Seeleute in ihren Gefilden waren, nicht nur den Himmel angeschaut und mittels reiner Intuition den Schiffsweg bestimmt. Sie hatten sogar einige spezielle Verfahren für die Sternennavigation. Eines kann als Sterndreieck-Navigation bezeichnet werden (vgl. Abb. 30). Wenn die Reiseroute nicht in Äquator- oder Nord-Südrichtung lag, dann segelten sie auf einem anderen Großkreis (Großkreisnavigation).

Die Bootsführer segelten nach einem Sterndreieck, das sie entsprechend der Lage des Zieles aussuchten. Sie nannten diese Konstellation

„avaia“ und gaben später den gleichen Namen dem ihnen unbekannten Kompaß. Beide, das Sterndreieck und der Kompaß, dienten der Kurshaltung. Der Leitstern im Sterndreieck muß nahe dem Zenit des Zielortes kulminieren. Deshalb kann er während der gesamten Reise vom Standort des Schiffes aus angepeilt werden. Diese Peilung fällt natürlich mit einem Großkreis der Erdoberfläche zusammen, und sie würde, auf Karten dargestellt, den kürzesten Weg zwischen zwei Punkten (Schiffsort und Ziel) ergeben. Der Standort dieses Leitsternes ändert sich am Himmel infolge der scheinbaren Drehung des Himmels und mit Veränderung der geographischen Breite des Beobachters. Die Kurslinie, nur nach dem Leitstern anvisiert, wäre demnach bald unbrauchbar. Deshalb verwenden die Polynesier rechts und links vom Leitstern zwei Hilfssterne, und bei richtigem Kurs verläuft dieser auf der Senkrechten zur Verbindungslinie der beiden Hilfssterne. Vorteile dieses Sterndreiecks ist die Feststellbarkeit der Versetzung des Schiffes durch Wind oder Strömung, und durch dieses Prinzip wurde die Kurslinie auch über den Kulminationspunkt des Leitsternes hinaus nutzbar. Die Abweichung des Bootes vom Kurs hat eine Lageveränderung des Sterndreiecks am Himmel und eine damit zusammenhängende Auswanderung aus der Senkrechten zur Verbindungslinie der beiden Hilfssterne zur Folge. Mit Hilfe dieses Dreiecks kann das Boot auf Kurs gehalten werden. Dies war aber nur durch ein unerhörtes Gedächtnis der Piloten möglich, die sich nämlich die Ausgangsstellung des Sterndreiecks am Kulminationspunkt rekonstruieren mußten. Zu jeder Jahreszeit haben die Objekte am Himmel eine andere Stellung, die bei der Wiederholung einer Reise beachtet werden mußte und zwangsläufig die Auswahl eines anderen Leitpunktes zur Folge hatte.

Ein anderes Hilfsmittel für die astronomische Navigation nutzten die Bewohner in Äquatornähe befindlichen Karolinen. Die Position der Auf- und Untergangspunkte der Fixsterne am Horizont spielte bei ihnen eine große Rolle, und sie entwickelten daraus die sogenannte Strichrose, ein rechteckiges Gitternetz, das zunächst nur gedanklich existierte und zu dem eine moderne Abbildung geschaffen wurde, an dessen Seitenkanten die genauen Positionen vermerkt sind (vgl. Abb. 31). Auf der Kurskarte für Seeleute der Insel Bur sind alle erforderlichen Kurse eingetragen. In Anlehnung an die Auffassung der Eingeborenen ist der Horizont auch in der Figur als Viereck wiedergegeben. Die Striche weisen unter anderem in Richtung Nordstern (10) und in Richtung eines Sterns, der in der Nähe des Südpols liegt (19). Die Verbindungslinie zwischen beiden ist demnach die Meridianlinie. Auch der Auf- (1) und Untergangspunkt (1‘) des Sternbildes Adler sind miteinander verbunden. Diese Linie stellt die Bahn des Sternbildes am Himmelsgewölbe dar. Alle horizontalen Linien sind demnach die Bahnen der Sterne. Um die Strichrose anwenden zu können, mußten die Kurse zu den Zielorten und die entsprechenden der Orientierung dienenden Positionen der Auf- und Untergänge der in Frage kommenden Sterne am Himmel bekannt sein. „Die Anzahl der benö-

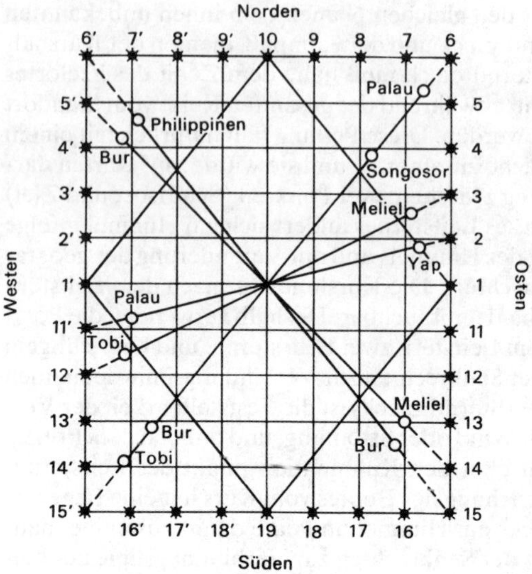

Abbildung 31
Kurskarte der Seeleute der Insel Bur (Karolinen). Die eingezeichneten Inseln stellen keine Orte dar, die Distanzen sind unwichtig (die Karte ist also nicht längentreu), es geht nur um die Richtung, also den Kurs. Die Orte müssen mehrfach aufgeführt sein, da nur so die Kurse von den Ausgangspunkten (andere Inseln) darstellbar sind (nach Hops 1956).

tigten Kurse war von der Lage der einzelnen Inseln zu denen der anderen abhängig. Die Bootsführer der Zentralkarolinen mußten z. B. etwa 100 verschiedene Kurse kennen. Die Zahl der Kurse war maßgebend für die Anzahl der Striche einer Rose. So wurden z. B. an einigen Orten 28 oder 36 Striche benötigt, wozu 14 oder 16 oder 18 ausgewählte Sterne bzw. Sternbilder erforderlich sind. Soweit Sinn und Zweck der Strichrose. Aber nun kommt eine beinahe unglaubliche Feststellung: eine zeichnerische oder andere Festlegung der Strichrosen gab es nicht. Sie fußte nur auf dem unerhörten Vorstellungsvermögen der Insulaner, die das Bild vor ihrem geistigen Auge sahen und es trotzdem zum wichtigsten Hilfsmittel der karolinischen Nautik machen konnten", schreibt Hops (1956, S. 132).

Am Tage war die Kursbestimmung komplizierter, doch die Seefahrer kannten den Lauf der Sonne ebensogut wie den der Sterne. Zusätzlich hatten sie verschiedene Hilfsmethoden zur Kurskontrolle. So merkte man sich kurz vor Sonnenaufgang den Winkel, den die Kiellinie des Schiffes mit der Dünung bildete und versuchte diesen tagsüber beizubehalten. Mit Hilfe des Bootsmastes als Schattenstab konnten die Piloten einmal am Tag die Haupthimmelsrichtung bestimmen. „Diese Eingeborenen stützen ihre Bootsmasten nur durch zwei Pardunen und zwei Stage, diese waren so angeordnet, daß sie untereinander je einen rechten Winkel bildeten, d. h., je ein Stag führte zum Heck bzw. Bug und je eine Pardune nach Steuerbord bzw. Backbord. Während der Kulmination der Sonne (diese konnte den Seefahrern nicht entgehen) wurde das Fahrzeug mit dem

Kopf oder dem Heck zur Sonne gedreht, so daß der Schatten des Mastes mit dem Vor- bzw. Achtersteg zusammenfiel. Hierdurch gewann man die Nord-Süd-Richtung, die Verbindungslinie der beiden Pardunen zeigte in diesem Augenblick Ost-West. Anscheinend konnte man mit dieser Methode den Kurs kontrollieren bzw. verbessern und dann vielleicht wiederum mit Hilfe des Winkels zwischen Kiellinie und Seegang den Kurs aufs neue einhalten" (Hops 1956, S. 133).

Die Piloten kannten die Unsicherheiten ihrer Methoden und hatten weitere Hilfsmittel zu deren Verringerung. Vorzugsweise legten sie ihre Reiserouten in Etappen an, wobei oft, um eine andere Insel anzusteuern, auch ein Umweg in Kauf genommen werden mußte. Eine zweite Möglichkeit bestand in der Wahl einer seitlich von den Kurslinien befindlichen „Notinsel". Die Lage dieser vom Abgangs- und Bestimmungsort mußte bekannt sein, und so konnte man sich bei Gefahr möglicherweise auf die näher gelegene „Notinsel" retten.

Wie exakt nur ein einziger natürlicher Parameter zur Navigation verwendet werden kann, soll abschließend am Beispiel der Stabkarten (Marshall-Inseln) gezeigt werden. Sie wurden bis zum Anfang unseres Jahrhunderts benutzt, ihr Geheimnis jedoch von den Piloten (rimedo) bewahrt. Die Geheimhaltung war realisiert durch den Umstand, daß man eine solche Karte nur dann lesen konnte, wenn sie vom Hersteller erläutert wurde. Die geraden und gebogenen Stäbe waren Gedächtnisstützen für den Benutzer.

Die Europäer haben unter anderem durch die Lieder der Insulaner von dieser Navigationshilfe erfahren. So lautet eines davon folgendermaßen (Hops 1956, S. 172):

> „Die Abschiedsstunde ist da. Das Wetter ist zum Segeln günstig, und die leichte Brise wird das Schiff bald außer Sicht treiben.
> Der Nordost weht, die Dünung wogt, die trüben Wolken ziehen vorüber und klären den Himmel. Der dröhnende Passat verscheucht die Wolken.
> Herrlich entfaltet sich der Tag; obwohl Wolken drohten, ist der Osten klar; der leichte Wind zerstiebt und vertreibt das Unwetter.
> Der kurzen Schwell auf der trügerischen Fahrt lächelst du verständnisvoll zu, um der irreführenden Schwell zu entgehen, straffst oder lockerst du das Segel je nach Bedarf.
> Wart' ruhig, bis die Luv- und Leedünung einander kreuzen, und halt von der trügerischen Kabbelsee ab. Da steigen Regenbogen und Windbäume auf: ein sicheres Zeichen, daß Kabua in See sticht."

Das war das Prinzip der Stabkarten: „Wart' ruhig, bis die Luv- und Leedünungen einander kreuzen". Die Marshall-Insulaner haben diese Strömungen nicht nur gekannt, sondern auf ihren Karten dargestellt und genutzt (vgl. Abb. 32). Mit ihren Liedern wurde das Prinzip von Generation zu Generation weitergegeben.

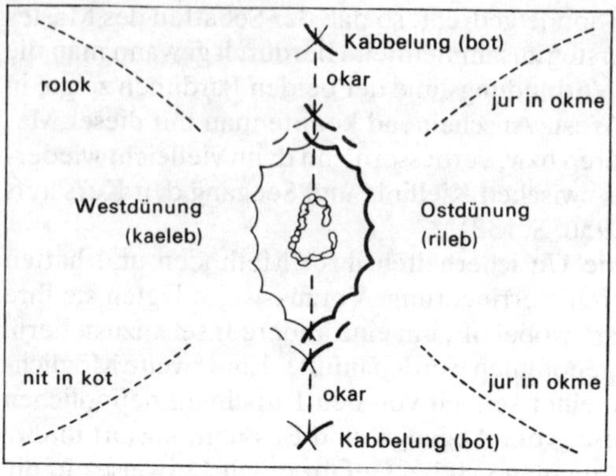

Abbildung 32
Schema einer einfachen Stabkarte (Marshall-Inseln), nach FRANZ 1971

Das Darstellungsprinzip beruhte auf einer sehr exakten Kenntnis der Strömungen im Bereich der Inseln (FRANZ 1971). Von Ende Juni bis zum Einsetzen des Passats im Oktober liegen im Gebiet der Marshall-Inseln die günstigsten Bedingungen für Fernfahrten vor. Navigationshilfsmittel für die Eingeborenen waren zweifellos die Sterne in der Nacht und die durch sie zur Vollkommenheit entwickelte Methode der Orientierung nach der Dünung. Die Marshall-Inseln erstrecken sich über eine Fläche von ca. 2 Millionen km^2, wobei die Landfläche nur 181 km^2 beträgt. In diesem Gebiet herrscht eine östliche Dünung (rileb) vor, die das ganze Jahr zu erkennen ist. Sie wird durch den Rückstau des Wassers vor einer Insel bogenförmig abgelenkt. Hierdurch entsteht eine schwächere, für den Ungeübten kaum erkennbare Dünung von Westen (kaeleb). Im Süden der Marshall-Inseln ist eine weitere ganzjährig vorkommende Dünung (bungdokerig) besonders deutlich zu erkennen, die aus dem Süden kommt. Ihr entspricht eine etwas stärkere, von Norden her kommende Dünung (bungdokieng). Zwei entgegenstehende Dünungen erfahren durch eine Insel eine Ablenkung, und es bilden sich beiderseits der Insel sogenannte Kabbelungspunkte (bot), in denen die abgelenkten Dünungen aufeinandertreffen. Diese Erscheinung setzt sich zur offenen See hin fort, wobei sie, je weiter von der Insel entfernt, um so schwächer wird. Vom ersten sicher ausgemachten Kabbelungspunkt gelang es nun den Insulanern über weitere Kabbelungspunkte, die zunehmend besser sichtbar wurden, wie auf einer Leitlinie (okar) zur Insel zu gelangen. Hatte sich der Pilot geirrt, so gab es auch dafür exakte Hinweise. Aus den Brechern der östlichen Dünung entsteht etwa 15 Seemeilen hinter der Nordspitze einer Insel eine nach Nordwesten auslaufende starke Seebewegung (rolok), die noch bis zu 30 Seemeilen weit bemerkbar ist. Im Süden dagegen entwikkelt sich eine nach Südwesten auslaufende Seebewegung (nit in kot). 10 Seemeilen vor der Nordspitze einer Insel entsteht eine nach Nordosten beziehungsweise vor der Südspitze nach Südosten auslaufende Dünung (jur in okme), die durch die westliche Dünung hervorgerufen wird. Bei genauer Beobachtung der Dünungen und ihrer Veränderungen wußte der Pilot, in welcher Richtung die Insel zu suchen war. Ein zusätzliches Hilfsmittel zum Auffinden der gesuchten Insel war die bis auf 15 Seemeilen Entfernung zu bemerkende Kabbelung vor einem Atoll (ai in kabin do), die durch einen durch die Gezeiten verursachten Stau des Wassers vor dem Riffkanal des Atolls entsteht.

Die hier vereinfacht geschilderten Verhältnisse waren im konkreten Fall für jede Insel anders. So war es für den Piloten nicht nur erforderlich, diese Zusammenhänge zu beherrschen, sondern er mußte dazu auch noch ortskundig sein. Besonders erschwerend für die Navigation im Bereich der Marshall-Inseln ist die niedrige Landhöhe. Die maximale Höhe beträgt 3 Meter über NN, die meisten Inseln erreichen sogar nur eine Höhe von einem Meter. Damit sind so gut wie keinerlei natürliche Landzeichen vorhanden.

Die Stabkarten dienten den Piloten als Gedächtnisstütze, und so fanden sie aus ihrem allgemeinen Wissen über den Verlauf der Dünungen und den konkreten örtlichen Gegebenheiten, die den Stabkarten zu entnehmen waren, ihren Kurs. Auf diesen Karten waren bestimmte Dünungen durch Stäbe und bestimmte Inseln durch die Gehäuse von Seeschnekken markiert. Die tatsächlichen Entfernungen waren den Karten nicht zu entnehmen - sie waren also nicht maßstabsgerecht. Dies war für die Piloten auch nicht nötig, denn sie wußten, wie lang die Strecke ist, und bei einem Volk, das keine Eile oder Hektik kannte, wie wir heute, kam es auf einen halben oder einen Tag früher oder später überhaupt nicht an. Heinrich Harrer, der im Jahre 1962 bei Menschen auf Neuguinea weilte, die noch in der Steinzeit lebten, steuert dazu ein nettes Erlebnis bei. Die Männer fällten ihre Bäume mit Steinbeilen. Harrer hatte ihnen Stahläxte mitgebracht, und sie ließen sich die Verwendung zeigen. Als der Europäer ihnen erklärte, daß es mit seinem Beil viel schneller gehe, schauten sie ihn leicht ungläubig an und fragten verwundert, wozu es denn schneller gehen müsse?

Zurück zu den Stabkarten. Man unterscheidet drei verschiedene Arten: Übersichtskarten, die eine ganze Inselgruppe zeigen, Spezialkarten für kleinere Teile der Inselgruppe und Lehrkarten, die zur Unterweisung junger Piloten im Gebrauch der Stabkarten dienten. Interessant ist hier die Parallele zu den Kompaßsteinen von Aroae. Nach den Lehrkarten, die auch als Archivexemplar verwendet wurden, fertigten sich die Seefahrer, falls keine alten mehr vorhanden waren, neue Karten mit den örtlichen Gegebenheiten an. Es galt allerdings als unwürdig für einen Bootsführer, die Stabkarten nach dem Auslaufen nochmals zu Rate zu ziehen. Es war seine Pflicht, sich vor Antritt der Reise alles genau einzuprägen. Dem liegt ein tieferer Sinn zugrunde. So war der Pilot gezwungen, sich intensiv auf die Reise vorzubereiten, an Land möglichst noch andere Hilfsmittel zu nutzen, um sich auf See später ganz den Beobachtungen der Wellenerscheinungen widmen zu können. „Trotz dieser Hilfsmittel bei der Seefahrt kamen manchmal Unglücksfälle vor. Des öfteren wurden Flotillen, deren Boote gewöhnlich im Abstand von etwa 2 Seemeilen in breiter Front einseitig gestaffelt fuhren, durch Stürme zerstreut, und nur dem Führungsboot mit dem Seefahrtsspezialisten an Bord gelang es dann, eine Insel zu erreichen. Aus dem letzten Jahrhundert ist nach Winkler der Verlust einer Gruppe von 22 Booten und einer von 10 Booten in den westlichen Marshall-Inseln (Ralik-Gruppe) bekannt. Von zwei weiteren Flotillen erreichte nur jeweils das Häuptlingsboot, weit vom Kurs abgeschlagen, rettendes Land. Einzelne Boote, ohne seekundige Männer an Bord, sollen dagegen häufiger verlorengegangen sein" (Franz 1971, S. 11).

Die Stabkarten, die anhand der Wellenformen angefertigt wurden, waren im Gebiet der Marshall-Inseln ein spezifisches Navigationshilfsmittel. Gerade weil sie den Europäern zunächst absurd erschienen, sind sie für die Navigationsgeschichte interessant. Sie zeigen, wie weit die Nutzung eines natürlichen Parameters gehen kann und mit wieviel Ausdauer man daran gearbeitet hat.

Bei der Untersuchung der polynesischen Navigationskunst ist es heute nur möglich, einen bruchstückhaften Überblick zu geben, doch dem Autor kam es dabei nicht auf absolute Vollständigkeit an. Es ging ihm einfach darum, anhand einiger Methoden der Piloten dieses Seegebietes Beispiele für die unendliche Vielfalt der natürlichen Parameter und deren Nutzung zu vermitteln. Es soll hiermit gezeigt werden, daß es Möglichkeiten für die Navigation gibt, an die in der Gegenwart kaum jemand mehr denkt, die aber einst entscheidende Bedeutung besaßen und die unser Bild von den Leistungen unserer Vorfahren beträchtlich ergänzen.

Schließen wir nun den Kreis und wenden uns abschließend wieder den Vögeln zu. Sie wurden von den Piloten oft direkt zur Kursbestimmung genutzt und stehen hier als Beispiel für die Verwendung von natürlichen Hilfsmitteln zur Navigation.

Die Vögel als Gehilfen der Piloten

Erfährt man von den präzisen Orientierungsleistungen der Tiere, hier insbesondere der Vögel, so drängt sich die Frage auf, ob denn die alten Seefahrer diese Fähigkeit nicht auch direkt für sich nutzen konnten? Dies geschah tatsächlich, und es wurden zum Beispiel Tauben und Raben zur Kursfindung verwendet. Eine Vorstufe hierfür war sicher die Kenntnis der Zugwege von Hochseevögeln, wozu auch der sakral und kultisch bedeutsame Fregattvogel zählt. Darüber hinaus dienten schon sehr lange Vogelschwärme als wichtige Landzeichen.

Irgendwann, vor Jahrtausenden, kamen Piloten das erste Mal auf den Gedanken, Vögel mit an Bord zu nehmen, die beim Auffliegen sich in Richtung Land bewegen. Vom bekanntesten Beispiel, NAOHS Prüfung auf das Sinken der Sintflut, liest man in der Bibel (1. MOSE 8,6): „Nach vierzig Tagen tat Noah an der Arche das Fenster auf, das er gemacht hatte, und ließ einen Raben ausfliegen; der flog immer hin und her, bis die Wasser vertrockneten auf Erden. Danach ließ er eine Taube ausfliegen, um zu erfahren, ob die Wasser sich verlaufen hätten auf Erden. Da aber die Taube nichts fand, wo ihr Fuß ruhen konnte, kam sie wieder zu ihm in die Arche; denn noch war Wasser auf dem ganzen Erdboden. Da tat er die Hand heraus und nahm sie zu sich in die Arche. Da harrte er noch weitere sieben Tage und ließ abermals eine Taube fliegen aus der Arche. Die kam zu ihm um die Abendzeit, und siehe, ein Ölblatt hatte sie abgebrochen und trug's in ihrem Schnabel. Da merkte Noah, daß die Wasser sich verlaufen hätten auf Erden. Aber er harrte noch weitere sieben Tage und ließ eine Taube ausfliegen; die kam nicht wieder zu ihm."

Dies war für NOAH schließlich die Bestätigung, daß kein Wasser mehr die buntgemischte Lebewelt der Arche bedrohen konnte (vgl. Abb. 33).

Daß die biblischen Geschichten zum Teil uralte und in vielen Ländern bekannte Ereignisse beschreiben, ist inzwischen allgemein bekannt. So erzählte man in der Shirazi-Kolonie auf der Insel Zanzibar die Begebenheit so: Als die Arche mit dem festen Boden in Berührung kam, sandte NOAH einen Raben aus, der Land suchen sollte. So hat sich bei Arabern

Abbildung 33
Die Arche Noah - Sinnbild für die Suche nach Land mit Hilfe der Vögel

und Persern sogar der Begriff „NOAH's Rabe" geprägt. Der ausgesandte Vogel kam krank zurück, er hatte zuviel von den Leichen gefressen. NOAH war darüber wütend und beschimpfte den Vogel. Als Strafe solle sein Schrei klingen, als erbreche er sich ständig - und das bis ans Ende der Welt. Dies ist also der Grund für das Rabengeschrei. Enttäuscht vom Rabengeschlecht sandte NOAH nun als nächstes eine Taube aus. Sie führte ihre Aufgabe gewissenhafter aus, was ihr wohl auch leichter fiel, denn Tauben ernähren sich eben nicht von Aas.

Der wahrscheinlich älteste Bericht stammt aus Babylonien. Hierin wird geschildert, daß NOAH zunächst eine Taube aussandte, die jedoch zurückkehrte, danach eine Schwalbe, mit dem gleichen Ergebnis und schließlich als drittes einen Raben. Er verließ das Schiff und ward nicht mehr gesehen.

Interessanterweise lassen sich auch auf einigen Inseln Ozeaniens ähnliche Berichte finden. So erzählte man noch im Jahre 1878, daß TANGALOA, der große Gott, seine Tochter, genannt KURI (Schnepfe), in Gestalt eines Vogels aussandte, um trockenes Land zu finden. Sie fand festes Land, kehrte mehrmals dorthin zurück und brachte eines Tages etwas Erde und eine Pflanze mit. Die Pflanze wuchs, wurde dann zu Erde, in der zahlreiche Würmer lebten. Diese wurden zum guten Ende dann die Menschen (HORNELL 1946, S. 143).

Nachweisbar wendeten die Inder schon einige Jahrhunderte v. u. Z. diese Navigationsmethode an. Der „Seekompaß der Inder war die Taube", könnte die Schlagzeile dazu lauten. Wesentliche Informationen sind in der umfangreichen indischen „Enzyklopädie“ Mahabharata enthalten, deren Hauptteil zwischen dem 5. und dem 3. Jahrhundert v. u. Z. entstand. In der indischen Religionsschrift Kevattasuttantam heißt es: „Einstmals, o Mönch, nahmen die seefahrenden Kaufleute einen landerspähenden Vogel mit und schifften dann in das große Meer hinaus. Sobald das Schiff kein Land mehr zur Rechten hatte, ließen sie den landerspähenden Vogel abfliegen. Er aber flog gegen Osten und gegen Süden, er flog gegen Westen und gegen Norden, er flog aufwärts, er flog nach allen Richtungen. Wenn er endlich Land erblickte, dann eilte er dorthin. Wenn er dagegen nirgends Land erspähen konnte, dann flog er zu seinem Schiffe zurück“ (Dahlmann 1895, S. 179).

Plinius bestätigt diese Angaben in seiner Historia Naturalis und verweist auf die Anwendung der „Navigationsvögel“ durch die Ceylonfahrer. Auch die im Kapitel über die Wikinger ausführlich untersuchten Navigationsmethoden zeigen, daß sie sich ebenfalls der Vögel bedienten.

In einer kleinen Erzählung der Landnámabók Islands, einem im Mittelalter einzigartigen Werk über eine großräumige Landnahme der Wikinger, wird von Flókis Raben berichtet. Flóki (um 870) ist einer der namentlich bekannten Entdecker Islands, und er scheint besonders erfolgreich gewesen zu sein, denn von ihm stammt die bis heute beibehaltene Namensgebung „Island“. Nach Schnall (1975, S. 72) heißt die betreffende Stelle: „Flóki Vilgerdarson hieß ein Mann; er war ein bedeutender Wikinger; er fuhr aus, um Gardarshólm (das spätere Island) zu suchen und stach dort in See, wo es Flókavardi heißt, an der Grenze zwischen Hördaland und Rogaland. Er segelte zuerst zu den Shetlands und lag dort in der Bucht Flókavágr; Flóki nahm drei Raben mit sich auf See, und als er den ersten aufließ, flog der zum Steven zurück; der zweite flog in die Luft auf und dann zum Schiff zurück; der dritte aber strich vom Steven in die Richtung ab, in der sie (später) das Land fanden.“

Nun sind Raben prädestinierter als andere Vögel, dem Seemann in der Kursfindung behilflich zu sein. Die Zoologen beschreiben den Raben als einen Vogel, dessen Sinne alle wohlentwickelt sind, dem umfangreichen Gehirn entspricht eine hohe Ausbildung der Instinkte und nicht geringe Lernfähigkeit (Lange 1968, S. 355). Er kann rascher fliegen als ein Adler und scheut beim Flug das stürmische Wetter nicht, wenn keine andere Vogelart sich heraustraut, und schließlich schärft sich der Verstand des Raben im Umgange mit den Menschen in bewunderungswürdiger Weise. Der bekannte Verhaltensforscher Lorenz bezeichnet den Raben als den geistig höchststehenden aller Vögel. Bleibt die Frage nach der Dreizahl der Raben bei Flóki. Es ist auf jeden Fall angebracht, mehrere Vögel mit an Bord zu nehmen. Sie kehren ja nur zurück auf das Schiff, wenn sie kein Land erspähen. So hätte eine Annäherung der Schiffe an die Shetland-Inseln oder die Gruppe der Färöer bereits den Verlust von Vögeln mit sich gebracht. „Flókis Experiment rechnet nicht eigentlich mit einer Divinationsgabe [Annäherungsvermögen, d. Verf.] des Vogels, sondern mit der Tatsache, daß der Rabe ein Landtier ist. Flóki darf also sicher sein, daß sein aufgelassener Vogel zum Schiff zurückkehrt, wenn kein Land in Sicht ist; denn auf hoher See wäre der Rabe verloren. Streicht der Rabe aber ab, so darf der Schiffer vermuten, daß er in *der* Richtung Land findet. Flókis Überlegungen. . . kann man rekonstruieren: man wußte, daß sich Landvögel auch ein Stück auf See hinaustrauen. Ihr Vorhandensein bewies die Nähe einer Küste . . . Flóki wird sich also gesagt haben: ich warte nicht erst auf einen mehr oder weniger zufälligen Anblick von Landvögeln, ich nehme mir meine kundigen Raben mit! Und in der Tat, Flóki hat richtig gedacht: der dritte Rabe weist ihn nach Island" (LANGE 1968, S. 356).

Die Erweiterung des Gesichtskreises durch den hochfliegenden Vogel ist bedeutend. Beträgt der Radius des Gesichtsfeldes bei einer Augenhöhe von 1 Meter über der Wasseroberfläche nur knappe 4 Kilometer, so vergrößert er sich bei 300 Meter Höhe schon auf 66 Kilometer. Das gilt aber nur für „Land in Meereshöhe"! Da von zahlreichen Erhebungen auf dem Festland ausgegangen werden kann, erhöht sich dieser Wert noch beträchtlich.

Bemerkenswerte Anwendungsbeispiele der „Vogelnavigation" sind von polynesischen Seefahrern des 14. Jahrhunderts bekannt. Diese unerschrockenen Piloten überquerten die Wasserwüste des Stillen Ozeans in Doppelkanus, sie waren gut mit Proviant versorgt und vertrauten auf ihre Fähigkeit, die Zeichen der Natur zu verstehen. Die Kenntnis des Sternenhimmels, der Strömung, der Windrichtung, des Geruchs der Luft bzw. des nahen Landes, der Wolkenformen und der Zugrichtungen der Vögel halfen ihnen, den Kurs zu bestimmen und zu halten. So konnten sie an Hand des Vogelfluges erkennen, in welcher Richtung das nächste Land liegen kann. HORNELL ist der Auffassung, daß dieses Wissen sogar zur geplanten Entdeckungsreise von Insel zu Insel geführt hat. So stellte CARTWRIGHT im Jahre 1929 die Theorie auf (nach HORNELL 1946), daß Seefahrer aus Tahiti die Hawaii-Inseln durch das Studium der Zugrichtung und -folge der Goldregenpfeifer entdeckten. Dieser Vogel brütet in Alaska und den nördlichen Küsten von Nordost-Sibirien. Die in Alaska brütenden Vögel fliegen im Herbst entlang der Aleuten, über die Hawaii-Inseln, die Weihnachtsinsel bis hin zu den Gesellschaftsinseln mit Tahiti. Wenn, so sagten sich die kühnen Seefahrer, die Vögel von einem entfernten Land zu uns fliegen, so müssen wir dieses Land auch mit unseren Booten erreichen können. Bei diesen Reisen mit Kurs Nord wurden zahlreiche andere Inseln gefunden. Dies mag zunächst zufällig geschehen sein, doch hat es ohne Zweifel Rückkehrer gegeben, die bereits ungefähre Kurs- und Distanzangaben mitbrachten. Die nächsten Reisenden vervollkommneten diese, und schließlich, vielleicht nach einigen Generationen, wurden diese Routen sicher und konnten z. B. für den Handel genutzt werden. Einige Polynesier, so berichtet SMITH in der schon genannten Arbeit von HOR-

NELL, brachten es sogar zu einer Dressur der Vögel, ähnlich, wie wir es von den Tauben kennen. So soll TOI's Enkel, WHATONGA, auf einer Reise von Tahiti durch langanhaltenden Nebel seinen Kurs verloren haben und schließlich auf Raiatéa gelandet sein. Nach einiger Zeit fand ihn dort sein dressierter Vogel, und durch die Richtung seines Fluges, der in heimatliche Gefilde wies, kam der mutige Seefahrer glücklich nach Tahiti zurück. Mag sein, daß dies der kuriose Gipfel der Möglichkeiten ist – er erschien dem Autor jedoch mitteilenswert.

Selbst noch in der Zeit der großen europäischen Entdeckungen gab es Beispiele für die „Vogelnavigation". PEDRO FERNÁNDEZ DE QUIRÓS, ein berühmter spanischer Südseefahrer (1560-1614), gibt seinen Seefahrerkollegen folgende Ratschläge: Wenn man Scharen von Seevögeln begegnet, z.B. Tölpeln und Sturmvögeln, sollte man die Richtung beobachten, in welche sie fliegen und woher sie am Morgen kommen. Wenn sie sich zeitig sammeln und spät zurückkehren, fliegen sie eine große Strecke. Wenn sie sich überhaupt nicht sammeln, in der Nacht lärmen und zur Dämmerung noch nicht zu sehen sind, dann ist entweder das Land sehr nahe, oder die Vögel haben auf dem Meer geschlafen. Dabei ist zu beachten, daß diese Vögel fast immer Inselchen oder Felsenklippen aufsuchen, weil sie dann näher an den Fischgründen sind. Für den Seemann lautet die Schlußfolgerung, wachsam sein, denn eine geringe Wassertiefe, bedingt durch Sandbänke oder Korallenriffe, ist damit auch angezeigt. Wenn die Vögel, die man beobachtet, beispielsweise Enten, Wildgänse, Möwen, Seeschwalben oder Flamingos sind, so ist nicht soviel Wachsamkeit nötig, weil diese Tiere auch weitab vom Land anzutreffen sind. Wenn die genannten Vögel gemeinsam fliegen, dann läßt sich allerdings auf nahes Land schließen (nach LANGE 1980).

Vögel spielten auch bei der Entdeckung Amerikas eine Rolle. Entgegen den Erfahrungen der Wikinger, Inder und Polynesier hatte KOLUMBUS zwar keine Raben an Bord, benutzte aber die zufälligen Sichtungen von Vögeln. In seinem Tagebuch lesen wir am 8. Oktober 1492: „. . . man sah viele Landvögel, und sie fingen einen von denen, die nach Südwesten flohen, es waren Tölpel, Enten und ein Pelikan. 9. Oktober: Er segelte nach Südwesten und fuhr fünf Meilen . . . Die ganze Nacht hörten sie Vögel vorüberziehen. 11. Oktober: Sie sahen Sturmschwalben und eine frische grüne Binse, die nahe am Schiff vorübertrieb" (KOLUMBUS 1980, S. 20 f.).

Auch in jüngerer Zeit, so noch 1921, wurden in den Navigationsschulen Hinweise dieser Art vermittelt: Ist man ausgelaufen und hat das Land hinter sich gelassen, wird ein guter Navigator die Vögel beobachten. Wenn er sie aus den Augen verloren hat, weiß er, daß kein Land mehr in der Nähe ist. Aber wenn er nach einer langen Reise einer Schar Möwen begegnet, die hoch in die Luft steigen und nach verschiedenen Himmelsrichtungen ausschwärmen, wird er die Richtung nehmen,die letztlich die Mehrzahl der Vögel einschlägt.

Die Entdeckung Brasiliens kann mit Sicherheit einem „Vogellotsen" zugeschrieben werden. Am Morgen des 22. April 1500 sichtete PEDRO CABRAL, der einen ungewöhnlich weiten westlichen Kurs hatte, Vögel, die „furobuchos" genannt werden. Da er dies als ein sicheres Zeichen für nahes Land sah, segelte er in der von den Vögeln angezeigten Richtung weiter und kam am Abend an die Küste von Brasilien.

Auf der Kon-Tiki-Fahrt HEYERDAHLS konnten zahlreiche Naturerscheinungen auf ihre Verwendung als Navigationshilfsmittel untersucht werden. Welche Bedeutung dabei die Vögel besaßen, ist dem folgenden Zitat zu entnehmen: „Schon . . . tausend Seemeilen von Polynesien entfernt - verriet uns die Natur selbst, daß es irgendwo weit vor uns im Meer Land geben mußte . . . Noch tausend Seemeilen vor der peruanischen Küste sichteten wir kleine Schwärme von Fregattvögeln. Als wir etwa 100 Grad West erreicht hatten, tauchten sie nicht mehr auf, und wir bekamen nur mehr kleine, seebewohnende Sturmvögel zu Gesicht. Doch am 3. Juli – wir lagen ungefähr 125 Grad West – waren die Fregattvögel wieder da. Von nun an beobachteten wir fast jeden Tag kleine Schwärme, die hoch am Himmel dahinzogen . . . Da die Vögel uns nicht von Amerika her gefolgt waren, mußten sie auf irgendeinem Land westlich von uns zu Hause sein. Am 16. Juli verriet die Natur sich noch deutlicher: Wir zogen einen neun Fuß langen Hai an Bord, der einen großen, unverdauten Seestern herauswürgte. Er mußte ihn von der einen oder anderen Küste draußen im Weltmeer geholt haben. Und schon am Tag darauf bekamen wir den ersten, sicheren Besuch von den polynesischen Inseln. Es war ein großer Augenblick an Bord, als wir über dem Horizont im Westen zwei große Tölpel entdeckten, die wenig später dicht über unseren Mast hinwegsegelten . . . Die Tölpel waren die ersten lebenden Boten, die von den Inseln kamen und uns in Polynesien willkommen hießen" (HEYERDAHL 1973, S. 226 f.).

Mehrere Beispiele informieren aber auch über die Nützlichkeit der Vogelflüge durch unwegsames Land, doch dies soll nicht mehr Gegenstand dieser Arbeit sein.

Im Gegensatz zu den anderen natürlichen Orientierungsmöglichkeiten haben wir es bei der „Vogelnavigation" wohl mit einem einzigartigen Beispiel der direkten Nutzung von Tierleistungen für die Orientierung der Seefahrer zu tun.

Die Natur als Verbündete des Seemanns

Die Piloten in der frühen Zeit der Seefahrt waren ganz und gar auf die Natur und deren für die Navigation nutzbare Parameter angewiesen. Leider ist es im Rahmen dieses Buches nicht möglich, auf alle Einzelheiten einzugehen, die Himmel, Luft, Wasser, Land und die Lebewelt dem Piloten bieten können. So möchte der Autor diese letzten Seiten seines Buches vor allem als Anregung verstanden wissen, sich näher mit dem Stoff zu befassen. Im Literaturteil sind dazu zahlreiche Quellen angegeben. Ein umfassendes Werk über die Navigation, die natürliche Erscheinungen nutzt, muß wohl auch einem Autorenkollektiv unter Mitwirkung von Ethnologen, Astronomen, Meteorologen und Praktikern der Seefahrt vorbehalten bleiben.

Die Seeleute benötigen zunehmend wissenschaftliche Erkenntnisse. Dies zeigt sich auch in der Anwendung immer neuer Geräte zur Navigation. Nur so war es möglich, den ständig höheren Anforderungen an die Schiffahrt zu entsprechen (größere Schiffe, Zunahme der Handelstätigkeit, militärische Belange u. a. m.). Mit den bloßen „Erfahrungen der Seeleute“ wäre dies nicht zu bewältigen gewesen.

Die Naturgegebenheiten in Polynesien und Europa sind so verschiedenartig, daß sich daraus auch unterschiedliche Navigationsmethoden entwickelt haben. Denn welcher europäische Seemann kann sich im Atlantik, in der Ostsee oder im Mittelmeer nach Meeresströmungen, Passatwinden oder Konvektionswolken über Inseln richten, wenn es diese in Europa gar nicht gibt bzw. sie dort nur unregelmäßig auftreten.

In südlichen Breiten hingegen konnten die Passate in vielfältiger Weise für die Navigation genutzt werden. Diese stetig wehenden Winde waren dabei nicht nur Navigationshilfsmittel, sondern sie führten die Segelschiffe das gesamte Jahr hindurch immer in dieselben Zielgebiete. In gleicher Weise wurden die Monsune genutzt, wobei hier die Windrichtung halbjährig wechselt (vgl. Abb. 34).

Zu den natürlichen Erscheinungen, die nicht immer technisch meßbar sind, zählt beispielsweise der Geruch der Luft. Er gibt den Seeleuten aber

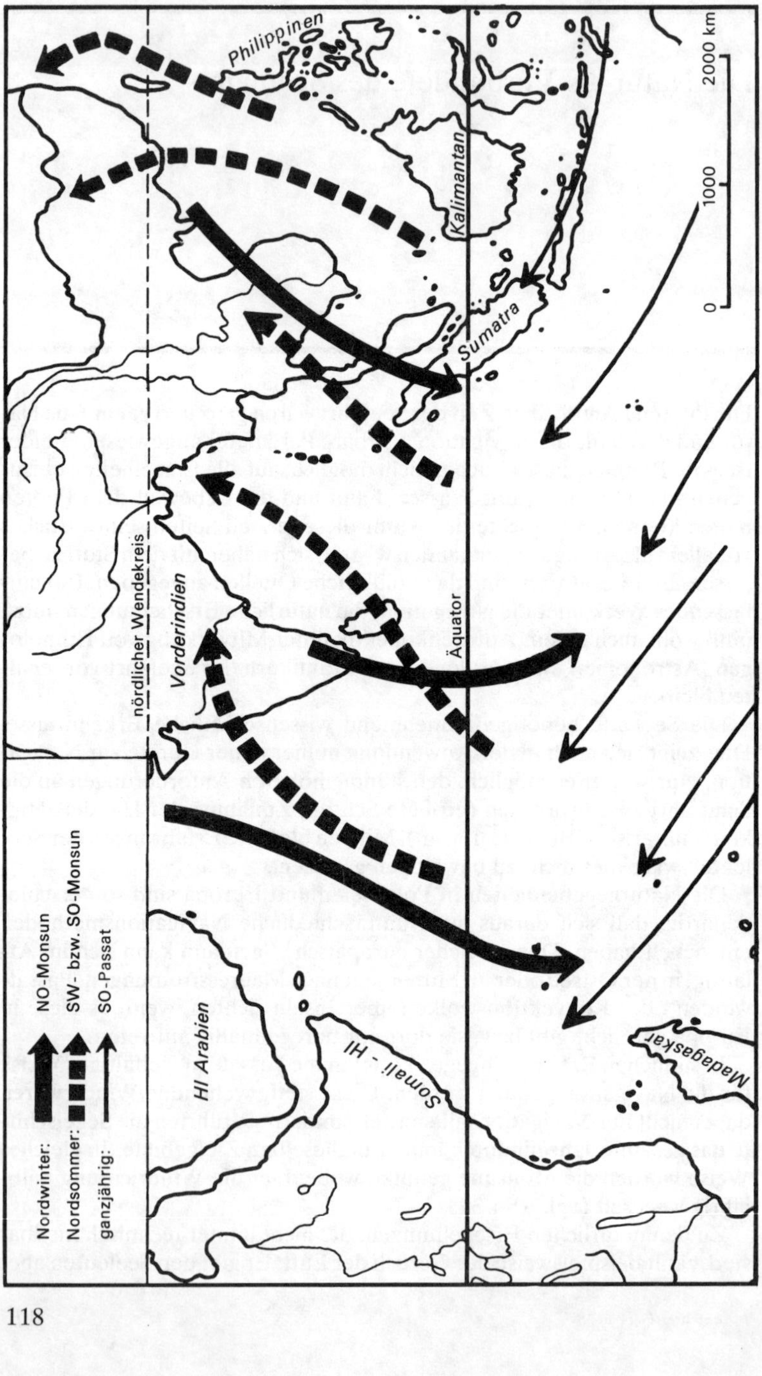
Nordwinter: NO-Monsun
Nordsommer: SW- bzw. SO-Monsun
ganzjährig: SO-Passat
nördlicher Wendekreis
Äquator
Philippinen
Kalimantan
Sumatra
Vorderindien
Hl Arabien
Somali - Hl
Madagaskar
0
1000
2000 km

dennoch bestimmte Hinweise. Wenn sie zum Beispiel vom „Geruch des Landes“ sprechen, dann ist damit ein Merkmal gemeint, welches durchaus in seiner Bedeutung nicht zu unterschätzen ist. So lesen wir bei HEYERDAHL (1973, S. 232): „Gleich nach Sonnenaufgang stieg auf der linken Hälfte der Insel [es war Pukapuka, d. Verf.] eine dicke, schwarze Rauchsäule empor. Wir folgten ihr mit den Augen und dachten: Jetzt stehen die Eingeborenen auf und kochen ihr Frühstück! Wir ahnten nicht, daß Ausguckposten uns gesehen hatten und nun Rauchsignale gaben, mit denen sie uns zur Landung einluden. Gegen sieben Uhr verspürten wir schwach den Geruch von verbranntem Boraoholz, der uns allen die salzigen Nasenhöhlen kitzelte und in mir halb vergessene Erinnerungen an die Feuer am Strand von Fatu-Hiva wachrief. Eine halbe Stunde später roch es nach Wald und frisch geschlagenem Holz. Die Insel wurde allmählich wieder kleiner. Sie lag nun hinter uns, so daß der Wind nun von ihr zu uns herüberwehte. Fünfzehn Minuten lang hockten Hermann und ich in der Mastspitze und sogen den warmen Duft von Blättern und Grünem durch die Nasenlöcher ein. Das war Polynesien! Ein herrlicher, üppiger Geruch von trockenem Land nach dreiundneunzig salzigen Tagen inmitten der Wogen.“ Sicher kann der Leser verstehen, was den alten und den modernen Seefahrern der „Geruch des Landes“ bedeutet hat.

Die Farbe des Wassers gehört auch zu den nicht quantifizierbaren natürlichen Merkmalen. Doch sind bestimmte Färbungen für bestimmte Gebiete typisch. MORISON (1948, S. 451) erwähnt ein Beispiel, welches sich auf den Golf von Cazones (Cayo Piedras) bezieht: „Als man aus dem tiefblauen Wasser des Golfs in seichtes kam, war das Wasser zuerst klar wie ein Kristall, plötzlich aber wurde es undurchsichtig grün, nach einigen Meilen änderte es seine Farbe in ein milchiges Weiß, und zuletzt war es schwarz wie Tinte, genauso ist es noch heute.“

Unter Nutzung des gleichen Merkmals erkannten die Seefahrer im Indischen Ozean schon Meilen vor der Küste den Mündungsbereich des Indus an dem weißen Wasser.

Brauchbare Merkmale, die dem Seemann bei der Navigation nutzbar sein können, bieten auch Flora und Fauna. Über Vögel wurde berichtet. Wale und Delphine sind nur in ganz bestimmten geographischen Breiten zu beobachten, Bohrwürmer treten besonders in Äquatornähe auf, und Pinguine begegnen dem Seemann etwa ab 45° südlicher Breite. Die Aufzählung ließe sich noch um vieles erweitern und konkretisieren.

Der Schlüssel für die Lösung der Geheimnisse der alten Seefahrer ist nach Auffassung des Autors in der Natur mit ihren vielfältigen Erscheinungen zu suchen. Es werden die navigatorischen Leistungen in der Frühzeit unserer Zivilisation anerkannt und nicht, wie bei einigen anderen Pu-

Abbildung 34
Passat und Monsune im Indischen Ozean

blikationen, auf eine geheimnisvolle alte Technik oder gar auf Mitwirkung einer außerirdischen Zivilisation verwiesen. Lange vor den Menschen orientierten sich schon die Tiere bei ihren Wanderungen. Sie waren bereits Meister der Orientierung, als es den Homo sapiens noch gar nicht gab. Der Mensch, der aus der Natur hervorging, der aber auf Grund seiner gesellschaftlichen Entwicklung besondere Fähigkeiten erwarb, vermochte sich nicht nur instinktiv zu orientieren, sondern er war auch zunehmend besser in der Lage, eine bewußte Standort- und Kursbestimmung vorzunehmen. Dabei nutzte er zunächst nur die Erscheinungen der Natur. Einhergehend mit seiner sozialen Evolution gelang es ihm, zum Wesen der Dinge vorzudringen, Gesetze aufzudecken und für sich nutzbringend anzuwenden. Nunmehr war es möglich aber auch notwendig, technische Hilfsmittel für die Navigation einzusetzen.

Da es leider auch heute noch Wissenschaftler gibt, die die Leistungen der alten Seefahrer anzweifeln, sei noch einmal deutlich gesagt: Natürlich kann kein Seemann allein nach dem Geruch der Luft, der Farbe des Wassers oder dem Vorkommen von Delphinen seinen Weg über das Wasser finden. Es ist die Summe der Erfahrungen, die ihn von den jeweiligen Möglichkeiten die am besten geeignete auswählen läßt, und er kann vielleicht schon eine Stunde später durch eine ganz andere Beobachtung eine weitere Schlußfolgerung über die Einhaltung des Kurses ziehen. Es ist ein Erfolg unseres Jahrhunderts, daß bestimmte historische Gegebenheiten und Aussagen über die Leistungsfähigkeit der Navigation unserer Vorfahren nicht mehr geleugnet werden können. Die bis heute größtenteils vergessenen Mittel und Methoden der Kursfindung der alten Seefahrer werden immer mehr aufgedeckt.

Wir wollen den Exkurs in die frühe Geschichte der Navigation mit einer Erzählung beenden, die Lewis (1970) schilderte, die gar nicht authentisch zu sein braucht, die aber auf jeden Fall *das* mit wenigen Worten darstellt, was der Verfasser mit diesem Buch dem Leser mitteilen möchte: Das Geheimnis der alten Seefahrer war die Summe der Erfahrungen ihrer Naturbeobachtung und Naturkenntnis.

Ein europäischer Schonerkapitän mit einer gemischt polynesischen Mannschaft wollte einmal prüfen, ob das Navigationsvermögen der Polynesier wirklich so gut war, wie immer berichtet wurde, und warf in einer regnerischen und bewölkten Nacht seinen Kompaß über Bord. Seiner Mannschaft sagte er, der Kompaß sei zerbrochen. Er bat um ihre Mithilfe, um zum Zielort zu gelangen. Am nächsten Morgen erwachte der Kapitän und sah die Insel voraus, die sie erreichen wollten. Nun fragte er die Polynesier in seiner Mannschaft, wie sie wissen konnten, daß sich die Insel genau hier befinde. Nun, antworteten sie, weil sie immer hier ist.

Weiterführende Literatur

ADLER, F.
Der Pharos von Alexandria.
Berlin 1901.
BALMER, H.
Beiträge zur Geschichte der Erkenntnis des Erdmagnetismus.
Aarau 1956.
BENSAUDE, J.
Regimento do estrolabio e do quadrante. Bern 1912.
BENZ, R.
St. Brandans Meerfahrt. Jena 1927.
Bibel [Lutherübersetzung].
Berlin 1972.
BREUER, H.
Columbus war Chinese.
Frankfurt/M. 1970.
BREUSING, A.
Die Catena a poppa bei Pigafetta und die Logge. Zeitschrift der Gesellschaft für Erdkunde, 4, Berlin 1869, S. 106 ff.
BREUSING, A.
Flavio Gioja und der Schiffskompaß. Zeitschrift der Gesellschaft für Erdkunde, 4, Berlin 1869, S. 31 ff.
BREUSING, A.
Die Nautik der Alten. Bremen 1886.
BREUSING, A.
Die nautischen Instrumente bis zur Erfindung des Spiegelsextanten. Bremen 1890.
BUCHWALD, M.
Schiffahrtszeichen in alter Zeit.
Atlantis, 3, Berlin 1931, 5, o.S.
CANBY, C.
Geschichte der Schiffahrt.
Stuttgart 1962.
CARY, M. und E. H. WARMINGTON
Die Entdeckungen der Antike.
Zürich 1966.
CASSON, L.
Die Seefahrer der Antike.
München 1979.
COLUMBUS, C.
Schiffstagebuch. Leipzig 1980.
CONRAD, W.
Vom Jakobsstab zur Satellitennavigation. Berlin 1979.
DAHLMANN, J.
Das Mahabharata als Epos und Rechtsbuch. Berlin 1895.
DÄNIKEN, E. VON
Reise nach Kiribati.
Düsseldorf 1981.
DEBENHAM, F.
6000 Jahre mußten vergehen.
Frankfurt/M. 1960.
DIODORUS
Diodorus [übersetzt von A. Wahrmund].
Stuttgart 1866-1869.
DRÖSCHER, V. B.
Das Tier ein unbekanntes Wesen.
Oldenburg/Hamburg 1964.

EKSCHMITT, W.
Die Sieben Weltwunder. Mainz 1984.

ELLMERS, D.
Der Nachtsprung an eine hinter dem Horizont liegende Gegenküste – die älteste astronomische Navigationsmethode. Deutsches Schiffahrtsarchiv, 4, Oldenburg/Hamburg/München 1981, S. 153 ff.

FELDHAUS, F. M.
Die Technik der Vorzeit . . . Leipzig/Berlin 1914.

FRANZ, E.
Das Navigieren mit „Stabkarten" auf den Marshall-Inseln. Staatliche Museen Preußischer Kulturbesitz Berlin, Informationsblatt Nr. 097 a und b, Berlin [West] 1971.

FREIESLEBEN, H.-C.
Geschichte der Navigation. Wiesbaden 1976.

FRIEDERICI, G.
Die Schiffahrt der Indianer. Stuttgart 1907.

GELCICH, E.
Studien über die Entwicklungsgeschichte der Schiffahrt mit besonderer Berücksichtigung der nautischen Wissenschaften. Laibach 1882.

GELCICH, E.
Die Instrumente und die wissenschaftlichen Hilfsmittel der Nautik zur Zeit der großen Länder-Entdeckung. Festschrift der Hamburgischen Amerika-Feier, Hamburg 1892.

GLEICHMANN, H., und M. WENDT
Der Jakobsstab. Potsdam [Diplomarbeit, Pädagogische Hochschule] 1984.

GURJEWITSCH, A. J.
Das Weltbild des mittelalterlichen Menschen. Dresden 1978.

HANKE, H.
Männer, Flanken, Ozeane. Leipzig/Jena/Berlin 1981.

HARRER, H.
Ich komme aus der Steinzeit. Berlin [West]/Darmstadt/Wien 1964.

HENNIG, R.
Zur Frühgeschichte des Seeverkehrs im Indischen Ozean. Berlin 1919.

HENNIG, R.
Abhandlungen zur Geschichte der Schiffahrt. Jena 1928.

HENNIG, R.
Terrae incognitae. Leiden, Bd. 1 1936 bis Bd. 4. 1939.

HERODOT
Geschichtswerk. Leipzig 1956.

HERTEL, P., und G. KLÜGEL-HERTEL
Ungelöste Rätsel alter Erdkarten. Gotha 1985.

HEYERDAHL, T.
Kon-Tiki. Ein Floß treibt über den Pazifik. Berlin 1973.

HEYERDAHL, T.
Zwischen den Kontinenten. München 1975.

HEYERDAHL, T.
Tigris. Berlin 1982.

HOMER
Ilias und Odyssee [übersetzt von J. H. Voß]. Leipzig o. J.

HOPS, A.
Die polynesische und mikronesische Seefahrt. Der Seewart, 32, Hamburg 1956, 5, S. 86 ff.

HORNELL, J.
The Role of Birds in Early Navigation. Antiquity, 20, London 1946, S. 142 ff.

HÖVER, O.
Älteste Seeschiffahrt und ihre kulturelle Umwelt. Hamburg 1948.

HÖVER, O.
Alt-Asiaten unter Segel im Indischen und Pazifischen Ozean durch Monsune und Passate. Braunschweig 1961.

HUMBOLDT, A. v.
Kritische Untersuchungen über die historische Entwicklung der geographischen Kenntnisse

in der Neuen Welt und die Fortschritte der nautischen Astronomie in dem 15. und 16. Jahrhundert. 3 Bde. Berlin 1852.

HUNKE, S.
Allahs Sonne über dem Abendland. Stuttgart 1965.

IMAMURA, A.
Tyoko and his Seismoscope. Japanese Journal of Astronomy and Geophysics, 16, Tokyo 1939, S. 37.

JACOBY, A.
Senor Kon-Tiki, das abenteuerliche Forscherleben Thor Heyerdahls. Berlin [West]1966.

KALS, W. S.
Polynesian Navigation. Sky and telescope, 37, Cambridge 1967. S. 358 ff.

KELLER, W.
Denn sie entzündeten das Licht - Geschichte der Etrusker. München 1970.

KÖRBERER, W.
Das rechte Fundament der Seefahrt. Berlin 1982.

KÖNIG, W.
Ein galvanisches Element aus der Partherzeit? Forschungen und Fortschritte, 14, Leipzig 1938, 1, S. 8 ff.

KÖSTER, A.
Die Nautik im Altertum. Meereskunde, 8, Berlin 1914, 4, S. 1-36.

KÖSTER, A.
Das antike Seewesen. Berlin 1923.

KÖSTER, A.
Schiffahrt und Handelsverkehr des östlichen Mittelmeeres im 3. und 2. Jahrtausend v. Chr. Leipzig 1924.

KÖSTER, A.
Seefahrten der alten Ägypter. Berlin 1925.

KRENN, E.
Wer hat Amerika zuerst entdeckt? Petermanns Geographische Mitteilungen, 94, Gotha 1950, 4, S. 207.

KUHN, F., und M. KUHN
Prähistorische Mathematik und Astronomie. Schriftenreihe für Vermessungen im Altertum, Heft 3. Ottobeuren 1968.

LANGE, P. W.
Ich war am Rande des Paradieses. . . Leipzig 1980.

LANGE, W.
Flokis Raben. Studien zur europäischen Vor- und Frühgeschichte, Neumünster 1968, S. 354-358.

LEWIS, D.
Polynesien und Micronesien - Navigations Techniques. Journal of Navigation, 23, London 1970, 4, S. 430 ff.

Lexikon früher Kulturen. Leipzig 1984.

LIPPMANN, Ed. O. v.
Geschichte der Magnetnadel bis zur Erfindung des Kompasses ‹gegen 1300›. Quellen und Studien zur Geschichte der Naturwissenschaften und der Medizin, 3, Berlin 1932, 1, S. 1-49.

MEISSNER, R.
Der Königsspiegel. Leipzig/Weimar 1978.

METTE, H.-J.
Pytheas von Massalia. Berlin 1952.

MINOW, H.
5000 Jahre Vermesssungswesen. Der Vermessungsingenieur, 27, Wiesbaden 1976, 2, S. 37 ff.

MORISON, S. E.
Admiral des Weltmeeres. Bremen-Horn 1948.

MÜLLER, J.
Die Entwicklung der Nautik und ihrer Hilfsmittel vom Altertum bis zur Neuzeit. Hamburg 1928.

NEUBURGER, A.
Die Technik des Altertums. Leipzig 1977 [Reprint der Ausgabe 1919].

Orr, R.T.
Das große Buch der Tierwanderungen. Düsseldorf/Köln 1971.

Paul, G.
Navigation mit dem Sternenkompaß. FAZ, 32, Frankfurt/M. 1981, 37 (9.9.1981).

Peter, K.
Wie Columbus navigierte. Herford 1972.

Plinius
Historia naturalis. Leipzig, Bd. 1 1881 bis Bd. 3 1882.

Ptolemäus
Handbuch der Astronomie. Bd. 2. Leipzig 1963.

Pytheas
Über das Weltmeer. Köln 1959.

Rost, G.A.
Vom Seewesen und Seehandel der Antike. Amsterdam 1968.

Scharnow, U.
Seekarte, Kompaß und Radarschirm. Berlin 1962.

Schnall, U.
Navigation der Wikinger. Hamburg/Oldenburg 1975.

Schück, A.
Die Kompaß-Sage in Europa... Das Ausland, 65, Stuttgart 1892, 35, S. 551-553; 36, S. 563-565; 37, S. 586-590; 38, S. 604-606; 39, S. 620-622.

Schück, D.
Bemerkungen über nautische Instrumente zur Zeit der Entdeckungen. Das Ausland, 66, Stuttgart 1893, 17, S. 257–261.

Schück, A.
Der Jakobsstab. Jahresbericht der Geographischen Gesellschaft in München 1894/95, 16, München 1896, S. 93 ff.

Schück, A.
Alte Schiffskompasse und Kompaßteile im Besitz Hamburger Staatsanstalten. Hamburg 1910.

Schück, A.
Zur Einführung des Kompasses in die nordwesteuropäische Nautik. Archiv für die Geschichte der Naturwissenschaften und der Technik, o. Jg. Leipzig 1912, S. 40 ff.

Schück, A.
Zur Entwicklung des Jacobsstabes. Mitteilungen der Geographischen Gesellschaft in München, 7, München 1913, 1, S. 1-6.

Sellnow, I.
Inseln und Inselreiche im Pazifik. Das Altertum, 27, Berlin 1981, 4, S. 197 ff.

Selmer, C.
Navigatio Sancti Brendani Abbatis. Veröffentlichungen zur Mittelalterforschung. University of Notre Dame, Press Nr. IV, Paris 1959.

Severin, T.
Tausend Jahre vor Columbus. Hamburg 1979.

Severin, T.
A. Brendan-Expedicio. Budapest 1981.

Taylor, E.G.R.
The Haven-Finding-Art. London/Sidney 1971.

Vinci, L. da
Codex Atlanticus. 4 Bde. Milano 1894-1904.

Vitruv, P.
De Architektura. Berlin 1964.

Vogel, W.
Die Einführung des Kompasses... Hansische Geschichtsblätter, 36, Weimar 1911, o. S.

Der Wandteppich von Bayeux. Köln 1957.

Wassermann, J.
Christoph Columbus - der Don Quichote des Ozeans. Berlin 1981.

Winter, H.
Die Nautik der Wikinger u. ihre Bedeutung für die Entwicklung der europäischen Seefahrt. Hansische Geschichtsblätter, 62, Weimar 1937, S. 180 ff.

Ziegler, A.
Die Reise des Pytheas nach Thule. Dresden 1861.

Zimmer, H.
Keltische Beiträge - Brendans Meerfahrt. Zeitschrift für Deutsches Altertum und deutsche Literatur, 33, Leipzig/Berlin/Frankfurt/M. 1889, S. 310 ff.

Bildanhang

Foto 1
Grasmücke der Gattung *Sylvia borin* (Gartengrasmücke). Die Forscher entschlüsselten das Geheimnis der Orientierung dieses kleinen Vogels
(Foto: F. E. TONKO, Freital/DDR).

Foto 2
Darstellung auf dem Teppich von Bayeux (um 1077 u. Z.). Auf dem linken Schiff erfolgt das Loten mit Lotstangen. Das rechte Schiff hat das Ufer schon erreicht (Foto: U. SCHNALL, Bremerhaven/BRD).

HAROLD: HIC:

Foto 3
Astrolabium des JOHANN PRAETORIUS (1570). Es handelt sich hierbei wahrscheinlich um ein Prunkstück für den sächsischen Kurfürsten, welches nicht der praktischen Anwendung diente (Standort: Mathematisch-Physikalischer Salon des Dresdner Zwingers).

Foto 4
Eine Sternwarte aus dem ersten Jahrtausend v. u. Z. – die Steinkreise von Boitin

Foto 5
Der Dreizack in der Bucht von Pisco (Peru) - ein uraltes Landzeichen für die Seefahrt (Foto: E. v. DÄNIKEN, Feldbrunnen/Schweiz)

Foto 6
Der Pharos von Alexandria - erster Leuchtturm der Welt (280-270 v. u. Z. erbaut) - war ca. 130 m hoch und eines der Sieben Weltwunder der Antike (nach BUCHWALD 1931)

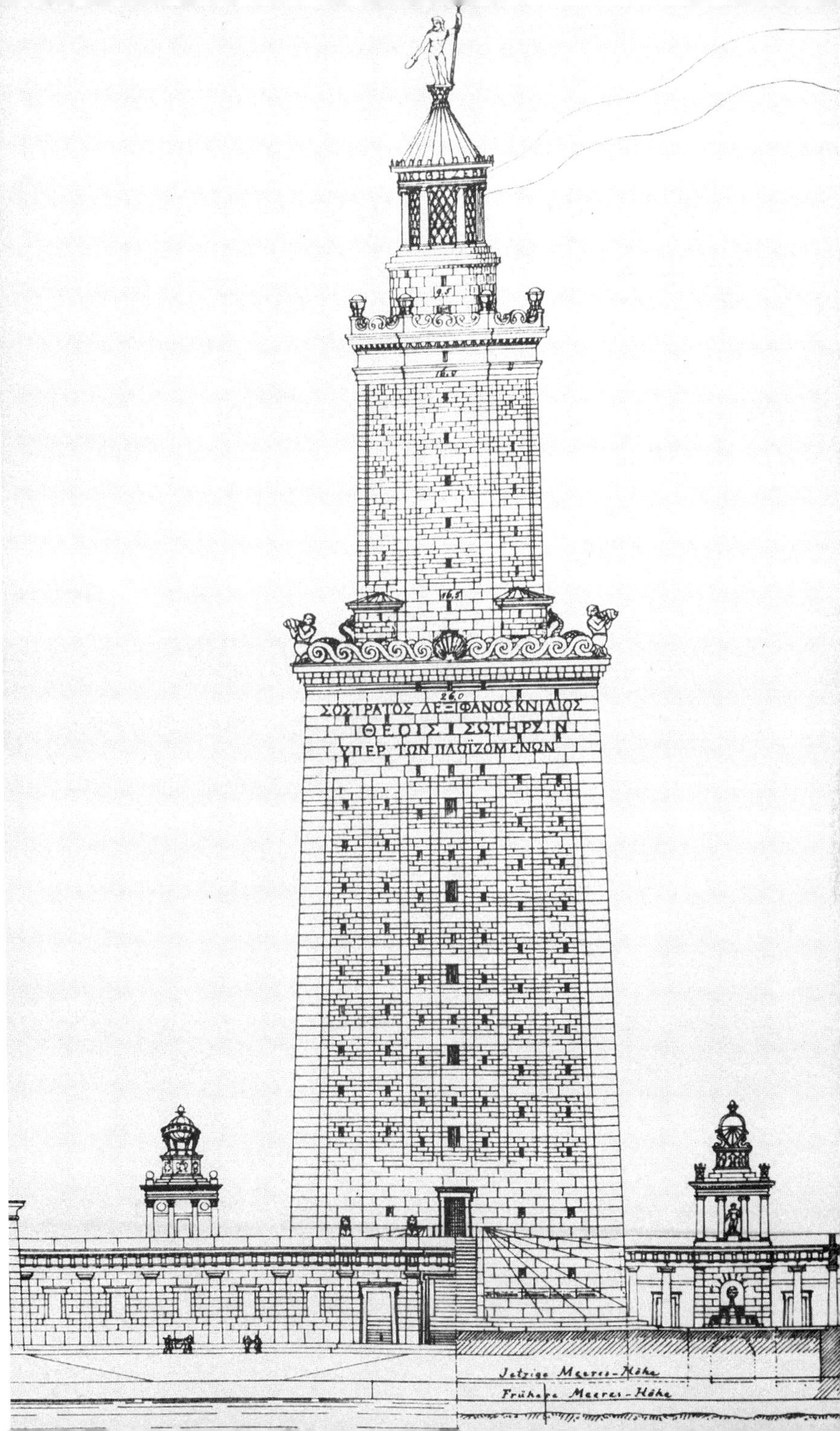

26.0
ΣΟΣΤΡΑΤΟΣ ΔΕΞΙΦΑΝΟΣ ΚΝΙΔΙΟΣ
ΘΕΟΙΣ ΣΩΤΗΡΣΙΝ
ΥΠΕΡ ΤΩΝ ΠΛΩΪΖΟΜΕΝΩΝ
Jetzige Meeres-Höhe
Frühere Meeres-Höhe

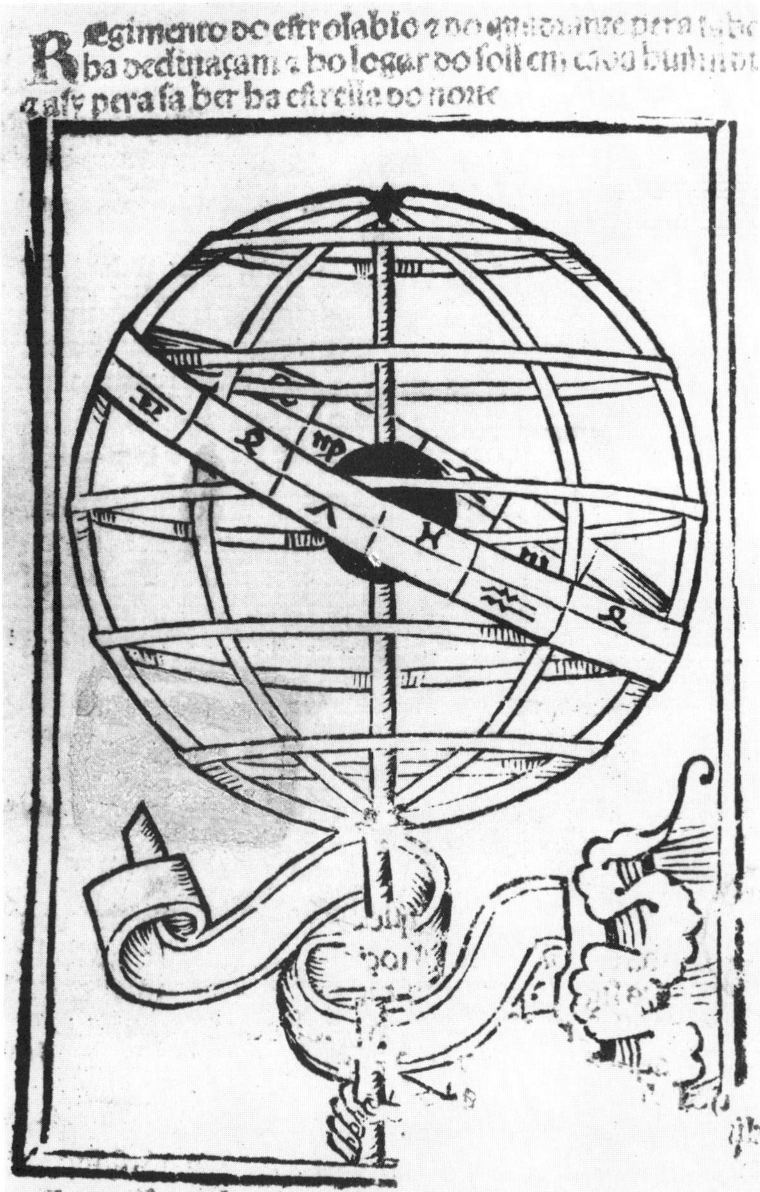
Regimento do estrolabio e do quadrante pera saber ha declinaçam e ho logar do soll em cada huum dia e asy pera saber ha estrella do norte

Jmpresso em ha cidade

Foto 7
Der Herculesturm von La Coruña an der Nordwestküste Spaniens ist der einzigste Leuchtturm, der noch aus der Antike stammt. Seine Gesamthöhe beträgt 58 m. Er wurde unter Kaiser TRAJAN im 1. Jahrhundert u. Z. errichtet
(Foto: Deutsches Archäologisches Institut Madrid/Spanien).

Foto 8
Titelblatt „Regimento do estrolabio do Quadrante" der astronomischen Tabellen des REGIOMONTANUS aus dem 15. Jahrhundert. Es ist das älteste erhalten gebliebene Navigationsbuch (nach BENSAUDE 1912).

Foto 9
„Kompaßsteine" auf der Insel Arorae (Kiribati). Auf dem Stein im Vordergrund ist die richtungsweisende Rille noch gut erhalten. Im Hintergrund sind zwei weitere Steine zu sehen., deren Beobachtungslinien zu ganz bestimmten Sternen weisen, mit deren Hilfe es möglich wird, auch andere Inseln aufzufinden
(Foto: E. V. DÄNIKEN, Feldbrunnen/Schweiz).